Simon Dubnow, Israel Friedlaender

Die Jüdische Geschichte

Ein geschichtsphilosophischer Versuch

Simon Dubnow, Israel Friedlaender

Die Jüdische Geschichte
Ein geschichtsphilosophischer Versuch

ISBN/EAN: 9783743354302

Hergestellt in Europa, USA, Kanada, Australien, Japan

Cover: Foto ©ninafisch / pixelio.de

Manufactured and distributed by brebook publishing software (www.brebook.com)

Simon Dubnow, Israel Friedlaender

Die Jüdische Geschichte

S. M. Dubnow

Die Jüdische Geschichte.

Ein geschichtsphilosophischer Versuch.

Autorisierte Übersetzung aus dem Russischen

von

J. F.

BERLIN.
Verlag von S. Calvary & Co.
1898.

Vorwort.

Der Verfasser der vorliegenden Abhandlung, S. M. Dubnow, nimmt in der russisch-jüdischen Litteratur als Historiker sowohl wie auch als geistreicher und feinsinniger Kritiker eine fast dominierende Stellung ein, und er hat besonders durch seine Untersuchungen über die Geschichte der polnisch-russischen Juden, speziell durch seine Arbeiten über die Geschichte des Chassidismus, auf diesem Gebiete geradezu grundlegend gewirkt. Was aber Dubnow weit über die Bedeutung eines Fachgelehrten hinaushebt und für ihn in ganz besonderem Masse Interesse erweckt, das ist nicht so sehr das, w a s er bietet, sondern die Art, w i e er es bietet. Man wird nur selten Historiker finden, bei denen die strengste wissenschaftliche Objektivität und Gründlichkeit mit einem feurigen Temperament und einer packenden Gestaltungskraft in so schönem Zusammenklange sich paart. Dubnow hat durch seine ganze wissenschaftliche Thätigkeit das vielfach verbreitete Vorurteil, welches bei einem Gelehrten Schönheit der Form mit Oberflächlichkeit des Inhalts identifiziert, aufs glänzendste widerlegt; denn selbst seine streng wissenschaftlichen Untersuchungen bieten nicht blos dem Gelehrten eine Fülle neuer Anregungen, sondern auch dem Laien, freilich dem gebildeten Laien, eine belehrende und zugleich interessante Lektüre. Mit dem feinsten psychologischen Verständnis, welches sich in seinen kritischen Aufsätzen in so glänzendem Lichte offenbart, ist Dubnow immer bemüht, einer jeden geschichtlichen Thatsache ihren Platz in der allgemeinen Entwickelungsreihe anzuweisen und so gewissermassen das

Band herzustellen, welches sie mit der Geschichte der Menschheit verbindet; und dieses psychologische Moment trägt auch seinerseits wesentlich dazu bei, dass die geschichtlichen Arbeiten Dubnows weit über den beschränkten Kreis seiner Fachgenossen das regste Interesse finden. Seine Ansichten über die Grenzen und die Aufgaben der Geschichtschreibung äussert Dubnow in seiner scharf pointierten Weise bei einer anderen Gelegenheit*), und da es für das Verständnis und die Würdigung der vorliegenden Schrift von wesentlicher Bedeutung ist, so sei es uns gestattet, hier einige Sätze, die gleichzeitig den Dubnowschen Stil charakterisieren mögen, daraus mitzuteilen.

„Die Popularisation der Geschichte, sagt dort Dubnow, soll der streng wissenschaftlichen Bearbeitung derselben keinerlei Abbruch thun. Nur muss man nicht mit dem Gedanken an ein wissenschaftliches Verfahren die Vorstellung von etwas Langweiligem verbinden. Ich war immer der Überzeugung und bin es auch jetzt, dass die Langweile, die gewöhnlich als das Privilegium gelehrter Untersuchungen betrachtet wird, keineswegs ein unerlässliches Attribut derselben ist, vielmehr in den meisten Fällen nicht vom Gegenstand der Untersuchung, sondern vom Temperament des Forschers bedingt ist. Ja, oft wird diese Langweile einer gelehrten Untersuchung mit Absicht angehängt, weil sie zum guten Ton der akademischen Zunft gehört und von vielen mit wissenschaftlicher Gründlichkeit und tiefsinniger Gelehrsamkeit identifiziert wird... Wenn die geisttötende Zunftgelehrsamkeit, unter der sich nicht selten nur Gedankenarmut und Talentlosigkeit verbirgt, überhaupt verwerflich ist, so ist sie doppelt verwerflich in der Geschichte. Die Geschichte eines Volkes ist keine Schulwissenschaft, wie Botanik oder Mathematik, sondern eine lebendige Wissenschaft, eine magistra vitae, die das Volk unmittelbar zur Selbsterkenntnis führt und in einem gewissen Grade auch auf den Nationalcharakter wirkt. Die Geschichte ist eine Wissenschaft von dem Volke für das Volk, und darum gehört sie

---
*) In der Einleitung zu seinen „Historischen Mitteilungen, Vorarbeiten zu einer Geschichte der polnisch-russischen Juden."

nicht in die dumpfe Gelehrtenstube sondern auf das Forum. Wir erzählen dem ganzen Volke seine Vergangenheit und nicht blos einem Dutzend Archäologen oder Numismatikern; wir arbeiten für das Ziel einer nationalen Selbsterkenntnis und nicht zu unserm eigenen geistigen Sport".

Diesen Grundsätzen, die Dubnow in allen seinen Werken zur Richtschnur dienen, ist er auch in der vorliegenden Schrift treu geblieben; ja, sie zeigt in besonders glänzender Weise die grosse Kunst des Verfassers, „zu machen, dass alles frisch und neu, und mit Bedeutung auch gefällig sei". „Neu" dürfte die Schrift jedenfalls sein. Denn der Verfasser unternimmt hier zum ersten Male den Versuch, eine psychologische Charakteristik der jüdischen Geschichte zu schreiben. Dubnow will hier den inneren Zusammenhang zwischen den Ereignissen derselben nachweisen, die Ideeen, die diesen zu Grunde liegen, aufzeigen oder, um seinen eigenen Ausdruck zu gebrauchen, die Seele der jüdischen Geschichte, der die äusseren Thatsachen nur als körperliche Hülle dienen, uns vor Augen führen. Von diesem philosophischen Gesichtspunkte aus ist die jüdische Geschichte, jedenfalls in der deutschen Litteratur, noch nicht betrachtet worden, und der vorliegende Versuch dürfte daher zu weiteren Forschungen in dieser Richtung die Anregung geben. Was die zweite Forderung des Dichters betrifft, so ist sie hier in vollem Masse erfüllt; denn die Eigenschaften der Dubnowschen Darstellungsweise, die wir oben gekennzeichnet haben, finden sich hier in noch erhöhtem Grade vereinigt. Die flammende Begeisterung, die jede Zeile durchglüht, muss im Verein mit dem ausserordentlich plastischen und bilderreichen Stil und den geistsprühenden Aperçus, die die ganze Darstellung im höchsten Grade lebendig gestalten, den Leser packen und fortreissen. Aber bei alledem wird auch der Laie herausfühlen, dass kein witziger Feuilletonist, der mit schön gedrechselten Phrasen spielt, zu ihm spricht, sondern ein Gelehrter von Fach, dem die historische Wahrheit über alles geht, und bei dem jede Äusserung auf genauester Sachkenntnis beruht; freilich kein Stubengelehrter, dem akademisches Fischblut träge in den Adern rinnt, sondern ein Mann, der die Resultate, die er im Studierzimmer mühsam gewonnen, ohne den „Schweiss des Arbeiters" erkennen zu lassen, mit frisch fröhlichem Lebensmut und nicht mit saurer Miene der Welt anbietet, der sich für das Hohe und Erhabene, in welcher Form er es auch findet, begeistert und auch andere dafür zu begeistern versteht.

Und so übergiebt der Übersetzer die Schrift dieses geist- und temperamentvollen Historikers dem deutschen Publikum, in der Hoffnung, dass sie auch den Fachleuten die jüdische Geschichte von einem neuen Gesichtspunkte zeigen und in der Zuversicht, dass sie dazu beitragen wird, bei vielen, denen unsere Geschichte eine terra incognita ist, für unsere beispiellos dastehende viertausendjährige Vergangenheit Interesse und Begeisterung zu erwecken, und dass sie allen, selbst denjenigen, die, wie auch der Übersetzer, in den religiösen Anschauungen mit dem Verfasser auseinandergehen, eine zu weiterem Nachdenken anregende und gemüterhebende Lektüre bieten wird.

Der Übersetzer.

*   *   *

Was ist die jüdische Geschichte? Was bietet sie zunächst in quantitativer und qualitativer Beziehung, nach Umfang und Inhalt, und was zeichnet sie in diesen beiden Beziehungen vor der Geschichte anderer Völker aus? Was ist, fragen wir dann, der eigentliche Sinn oder der Geist der jüdischen Geschichte, oder anders gewendet: zu welchen allgemeinen Ergebnissen führen ihre Thatsachen in ihrer Gesamtheit, nicht als Ganzes genommen, sondern genetisch betrachtet, als eine Reihenfolge von Entwickelungsstadien im Bewusstsein und Bildungsgang des jüdischen Volkes?

Wird es uns gelingen, eine Reihe präciser Antworten auf diese Fragen zu finden, so wird diese Beantwortung in sich selbst eine möglichst exakte Charakteristik der jüdischen Geschichte schliessen. Eine solche in gedrängter Weise zu bieten, soll in der vorliegenden Skizze unser Bestreben sein.

I.

Der Umfang der jüdischen Geschichte.

> Le peuple juif n'est pas seulement considérable par son antiquité, mais il est encore singulier en sa durée, qui a toujours continué depuis son origine jusqu'à maintenant... Sétendant depuis les premiers temps jusqu'aux derniers, l'histoire des juifs enferme dans sa durée celle de toutes nos histoires.
>
> (Pascal, Pensées XIV.)

Um den Umfang der jüdischen Geschichte zu veranschaulichen, sehen wir uns genötigt, einige allgemeine elementare Definitionen vorauszuschicken.

Es ist schon längst ein fundamentaler Unterschied zwischen geschichtlichen und ungeschichtlichen Völkern festgestellt worden, ein Unterschied, der sich aus der Thatsache der natürlichen Ungleichheit der verschiedenen Bestandteile des Menschengeschlechts ergiebt. Ungeschichtlich nennen wir diejenigen Völker, die sich noch nicht von dem Urzustande losgewunden oder sich von demselben nicht weit entfernt haben, wie z. B. die wilden Rassen Asiens und Afrikas, die in vorgeschichtlicher Zeit die Stammväter der Europäer waren, oder die obskuren, unkultivierten Stämme der Gegenwart, wie die Tartaren und Kirgisen, überhaupt allerlei ethnische Gruppen, denen ein bestimmtes geistiges Gepräge abgeht, und die keine normale, selbständige Bildungsfähigkeit gezeigt haben. Geschichtlich hingegen nennen wir diejenigen Völker, die im Verlaufe eines längeren Zeitraumes mit Sinn und Bewusstsein gelebt haben, in ihrem Wachstum und in der Vervollkommnung ihrer Lebensart und Anschauungen stufenweise fortgeschritten sind, eine gewisse geistige Produktivität bewiesen und mehr oder weniger vernunftgemässe Grundsätze einer Gesittung und eines geselligen Zusammenlebens ausgearbeitet haben.

— kurz, nicht blos zoologische, sondern auch geistige Typen repräsentierten.[1])

Der chronologischen Reihenfolge nach teilt man gewöhnlich diese Völker von höherem Typus in drei Gruppen: 1. die ältesten Kulturvölker des Morgenlandes, wie die Chinesen, Inder, Ägypter, Chaldäer; 2. die alten oder klassischen Völker des Abendlandes, die Griechen und Römer; 3. die neuen oder die gegenwärtigen Kulturvölker Europas und Amerikas. Die ältesten Völker des Morgenlandes, die „an der Schwelle der Geschichte" gestanden, waren die ersten Verkünder eines religiösen Bewusstseins und sittlicher Grundsätze; sie schufen bestimmte Formen des Gemeinschaftslebens und einige ziemlich weitgreifende Weltanschauungen noch in jener grauen Vorzeit, da das Menschengeschlecht in seiner Mehrheit nichts anderes als eine besondere Abart der „Säugetiere" war. Aber all diese Kulturträger des Orients sind sehr früh von der historischen Bildfläche verschwunden. Die einen sind von der Sturmflut der Zeiten fortgeschwemmt worden und in andern jüngern und lebenskräftigern Völkern (den Chaldäern, Phöniziern, Ägyptern) aufgegangen; die andern sind in einen halbbarbarischen Zustand zurückgesunken (Inder, Perser); die dritten endlich sind in ihrem Wachstum stehen geblieben und zur Unbeweglichkeit erstarrt (China). Das Beste der geistigen Hinterlassenschaft des ältesten Ostens kam an die beiden antiken Völker des Westens. Die Griechen und Römer vermehrten um ein Bedeutendes diesen Erbschaftsfond mit ihren eigenen geistigen Errungenschaften und schufen eine viel kompliziertere und vielseitigere Civilisation, welche die Grundlage abgab für die Weiterentwickelung des besten Teils der Menschheit. Aber auch sie, diese klassischen Völker

---

[1]) „Die Naturvölker, die sich mit ihrer Umgebung verändern und stets mit dem Wohnort und der äussern Natur in Einklang treten, haben keine Geschichte... Nur die Völker und Staaten, bei denen sich ein selbstbewusstes Handeln äussert, wo das innere Geistesleben sich durch Ausstrahlungen mannigfacher Art kundgiebt und das von aussen Überkommene mit dem Selbstgeschaffenen zu einem organischen Ganzen verarbeitet wird, gehören der Geschichte an". (Einleitung in die Allgemeine Weltgeschichte von Weber I 16—18.)

mussten, sobald ihre historische Mission vorüber war, verschwinden und den Spielraum den jüngern und lebensfähigern Völkern Europas überlassen, die sich damals noch kaum über die ersten Anfänge einer Kultur emporgearbeitet hatten. Die Glieder dieser europäischen Völkerfamilie treten zu verschiedenen Zeiten, im Verlaufe des ersten Jahrtausends der christlichen Ära, auf den Kampfplatz der Geschichte, und bilden den Kern der jetzigen geschichtlichen Menschheit.

Gehen wir nun diese übliche Klassifikation durch und suchen wir den Platz, der dem jüdischen Volke der chronologischen Reihenfolge gemäss in derselben gebührt, so sind wir in der Wahl verlegen. Bei näherer Betrachtung indessen gewinnen wir die Überzeugung, dass die Geschichte des jüdischen Volkes in den Rahmen dieser Klassifikation überhaupt nicht hineinpasst. Und in der That, in welche von den genannten drei historischen Gruppen wollen wir dieses Volk einreihen? Sollen wir es als ältestes, altes oder neues bezeichnen? Allein es ist ja das erste, das andre und das dritte zugleich. Zusammen mit den ältesten Völkern des Morgenlandes stand das jüdische Volk an der „Schwelle der Geschichte". Ist es doch der Zeitgenosse der frühesten Kulturvölker, wie der Ägypter und Chaldäer, und trat schon in grauer Vorzeit als der Schöpfer einer religiösen Weltidee und eines erhabenen Systems der Sittlichkeit und des Zusammenlebens auf, die alles überragen, was auf diesen Gebieten jemals von seinen orientalischen Altersgenossen geschaffen worden war. Es bildet ferner zusammen mit den klassischen Griechen und Römern jene berühmte historische Trias, die anerkanntermassen die Urmutter aller grossen Kulturen ist. Endlich führt es zusammen mit den jetzigen Völkern Europas ein geschichtliches Leben und schreitet ununterbrochen in der Entwickelung fort. Obwohl ihm politische Selbständigkeit abgeht, lebt es nichtsdestoweniger nach wie vor als ein scharf ausgeprägtes, selbständiges geistiges Individuum, als eine der thätigsten Kräfte der denkenden Menschheit. Wie sollen wir also dieses allgegenwärtige Volk bezeichnen, welches seit dem Entstehungsmoment seines historischen Daseins auf Erden ununterbrochen bis auf unsere Tage, im Verlaufe von 3500 Jahren, lebt und sich entwickelt? Was sollen wir mit den unvermeidlichen

Scheidewänden zwischen den „ältesten" und „alten" und zwischen den „alten" und „neuen" Völkern beginnen, angesichts dieses Methusalem unter den Nationen, dessen Leben mit der ganzen Ausdehnung der Weltgeschichte zusammenfällt, und der mehr als einmal über jene verhängnisvollen Scheidewände hinwegschritt, die auf dem Lebenswege der historischen Völker die Meilensteine bilden? Um die obengenannten drei Gruppennamen (ältestes, altes und neues) in einer entsprechenden Definition des jüdischen Volkes in ihrer Gesamtheit wiederzugeben, müssen wir dasselbe unwillkürlich ein „zu allen Zeiten geschichtliches" nennen, im Gegensatz zu den übrigen alten und neuen Völkern, deren historische Existenz entweder längst geendet oder verhältnismässig unlängst begonnen hat. Und wenn es auf Erden „geschichtliche" und „ungeschichtliche" Völker giebt, so kann das jüdische Volk unstreitig „das geschichtlichste" (historicissimus) genannt werden. Wenn man sich die Weltgeschichte in Form eines Kreises denkt, so wird die jüdische Geschichte die Stelle des Durchmessers einnehmen, der durch den ganzen historischen Kreis geht, die Geschichte anderer Völker hingegen wird durch Sehnen dargestellt, die nur kleinere Teile des Kreises begrenzen. Die Geschichte des jüdischen Volkes durchläuft, gleich einer Centralachse, die ganze Geschichte der Menschheit von deren einem Pol bis zum andern. Einem ununterbrochenen Faden gleich zieht sie sich von den Urzivilisationen Ägyptens und Mesopotamiens bis zu den modernsten Kulturen Frankreichs und Deutschlands hin. Ihre Perioden lassen sich mit Jahrtausenden messen.

Die jüdische Geschichte also bietet ihrem Umfange oder, richtiger, ihrer Dauer nach eine in ihrer Art einzig dastehende Erscheinung. Sie enthält die längste Reihe von Ereignissen, welche jemals in die Annalen eines und desselben Volkes eingetragen wurden. Kurz gesprochen, sie umfasst einen Zeitraum von über drei und ein halb Jahrtausend. Und auf dieser ganzen unermesslichen Ausdehnung ist sie in keinem Punkte unterbrochen, überall lebendig, voll gediegenen Inhalts. Und auch dieser Inhalt zeichnet sich, wie wir bald sehen werden, durch seine charakteristischen Eigentümlichkeiten aus.

II.
Der Inhalt der jüdischen Geschichte.

Ihrem Inhalte oder ihrer qualitativen Zusammensetzung nach zerfällt die jüdische Geschichte, wie bekannt, in zwei Hälften, deren Knotenpunkt der Moment bildet, wo der judäische Staat unter den Schlägen des römischen Reiches endgültig zusammenstürzt (70 nach d. g. Z.). In der ersten Hälfte wird über die Schicksale einer Nation berichtet, die, wenn sie auch häufig in Abhängigkeit von andern stärkern Völkern gerät, doch immer ihr eigenes Territorium und Staatswesen besitzt und nach eigenen Gesetzen regiert wird. In der zweiten Hälfte haben wir vor uns die Geschichte eines staats-, ja länderlosen Volkes, welches, der materiellen Attribute einer Nation beraubt, trotzdem seine geistige Einheit, seine Ursprünglichkeit voll und ganz zu erhalten verstand.

In der Periode des Staatslebens unterscheidet sich, auf den ersten Blick betrachtet, die jüdische Geschichte nur wenig von der Geschichte anderer Völker: dieselben Kriege und Unruhen im Innern, dieselben politischen Umwälzungen, dynastischen Streitigkeiten, derselbe Klassenkampf, derselbe Widerstreit der wirtschaftlichen Interessen, wenn auch nicht ohne eigentümliche Färbung. Aber so sieht die jüdische Geschichte nur auf der Oberfläche aus. Dringt man aber in ihre Tiefe, verfolgt man die Vorgänge, die sich in ihrem Innern vollziehen, so wird man gewahr, dass schon in dieser frühen Periode grosse Geisteskräfte, Weltprinzipien in ihr schlummern, die sichtbar oder unsichtbar dem Lauf der Begebenheiten die Richtung bestimmen. Wir haben vor uns kein einfaches politisches oder Rassenindividuum, sondern vorzugsweise „ein Volk des Geistes." Der nationalen Entwickelung liegt eine allumfassende, religiöse Tradition zu Grunde, die als sinaitische Offenbarung, als Gesetze Mosis in der Volksseele lebt. Mit dieser heiligen Tradition, die eine lichte Weltanschauung und einen klaren Codex der Sittlichkeit und des Gemeinschaftslebens enthielt, war die Vorstellung von der Auserwähltheit des jüdischen Volkes, d. h. von dessen besonderm geistlichem Berufe verbunden. „Und ihr sollt mir ein Priesterreich sein und ein heiliges Volk" — hier haben wir den bildlichen Ausdruck dieser idealen Vorstellung, hier den Gedanken, dass das israelitische Volk in seiner Gesamtheit, ohne Unterschied des Standes und ohne Rücksicht auf die Stellung in der Gesellschaft, berufen ward, als der Wegweiser erhabener sittlich-religiöser Prinzipien den übrigen Völkern voranzugehen (und ihnen, den „Laien", gegenüber gleichsam als eine Geistlichkeit zu fungieren. Aber dieses hehre Ideal würde niemals erreicht worden sein, wenn die Entwickelung des jüdischen Volkes die ausgetretene Bahn gegangen wäre, wenn es unter ihm, nach dem Vorbild der Ägypter und Chaldäer, eine streng in sich abgeschlossene Kastengeistlichkeit gegeben hätte, die den Besitz der Geistesschätze der Nation als das ausschliessliche Privilegium ihres Standes betrachtet und die Volksmasse in äusserster Unwissenheit zu erhalten bestrebt ist. Freilich war etwas Ähnliches eine Zeitlang auch bei den Juden der Fall: die Priester von Ahrons Abkunft und die Tempeldiener (die Leviten) bildeten einen besonderen geistlichen Stand und traten als die offiziellen Träger der religiösen Überlieferung auf. Aber schon im frühen Jugendalter des Volkes erstand neben dieser amtlichen aristokratischen Geistlichkeit eine viel mächtigere Priesterschaft, eine demokratische, die das ganze Volk aufzuklären und ihm zielbewusste Überzeugungen beizubringen suchte. Die Propheten waren die echten, berufenen Vollstrecker des heiligen Gebotes von der „Bekehrung" aller Juden in „ein heiliges Volk und ein Priesterreich." Ihre Thätigkeit findet kein Seitenstück in der ganzen Weltgeschichte. Sie waren keine Priester, sondern Volkserzieher und Volkslehrer; sie waren vom Streben durchdrungen, jedem Gemüt ein tiefes religiöses Bewusstsein einzuprägen, jedes Herz durch sittliche Gefühle zu veredeln, einen jeden eine klare Weltanschauung zu lehren, alle mit erhabenen Idealen zu begeistern. Ihr Wirken ging nicht spurlos vorüber. Langsam, aber tief senkte sich der Idealismus ins Innere des Nationalbewusstseins, welches mit jedem Jahrhundert an Kraft und Fülle gewann. Dies kam besonders in der zweiten Hälfte dieser Periode zum Vorschein, nach der Krisis, die unter dem Namen „das babylonische Exil" bekannt ist. Dank der Thätigkeit der „Soferim" (Schriftkundigen), die auf die weiteste Popularisation der heiligen Schrift gerichtet war, und die eine formelle Ergänzung zu der Thätigkeit der Propheten bildete, wird in der That das geistige Schaffen ein integrierender Bestandteil des jüdischen Nationallebens. In den letzten Jahrhunderten seines politischen Daseins bekommt das jüdische Volk seine endgültige Prägung und erhält jenen scharfen Stempel der Geistigkeit, der Spiritualität, der es im Gewühl der anderen Völker immer kenntlich machte. Aus dem tiefen Innern des Judentums steigt jene Weltreligion hervor, die in kurzer Zeit ihren Siegeslauf durch die ganze antike Welt vollendet und die Barbarenstämme in Menschen verwandelt. Es ging in Erfüllung die Verheissung der Propheten: „Die Nationen werden beim Lichte Israels wandeln."

Und in demselben Augenblick, da die Kraft und Produktivität des jüdischen Geistes den Höhepunkt erreicht, geschieht eine politische Umwälzung — und die Periode des heimatlosen Wanderlebens nimmt ihren Anfang. Es hatte den Anschein, als wollte die geschichtliche Vorsehung, als sie das jüdische Volk nach allen Enden der Erde zerstreute, ihm noch eine Lehre mit auf den Weg geben und zu ihm sagen: „Jetzt kannst du gehen. Du bist genügend gestählt, auch das bitterste Ungemach ertragen zu können, bist mit einem unverwüstlichen Vorrat an Lebensenergie ausgestattet und kannst Jahrhunderte, ja Jahrtausende in Verhältnissen leben, in welchen andere Völker auch nicht ein einziges Jahrhundert auszuhalten imstande wären. Staat, Territorium, Heer, die äusseren Attribute einer Nationalmacht — all dies ist für dich ein überflüssiger Luxus. Geh' nun in die Welt und beweise es, dass ein Volk leben kann, auch ohne diese Attribute, einzig und allein durch die Kraft des Geistes, die dessen auseinandergesprengte Teilchen zu einem festen organischen Ganzen vereinigt!"... Und das jüdische Volk ging und bewies es.

Dieser „Beweis", der der Judenheit achtzehn Jahrhunderte, voller Entbehrungen und Leiden, eintrug, bildet den charakteristischen Grundzug der zweiten Hälfte der jüdischen Geschichte -- der Periode der Länderlosigkeit und Zerstreuung. Des politischen Bodens beraubt, konzentriert sich das Nationalleben auf den Gebieten des Geistes. „Denken und dulden" wird die Parole des jüdischen Volkes, nicht blos, weil sie ihm von aussen, durch die Macht der von ihm unabhängigen Verhältnisse, aufgezwungen wird, sondern hauptsächlich, weil sie in der Gemütsstimmung und den natürlichen Neigungen des Volkes selbst tief begründet ist. Jene aussergewöhnliche Geistesenergie, die in der ersten Periode die Bibel und das alte Schrifttum gezeitigt hatte, kam in der zweiten Periode in der encyklopädistischen Thätigkeit der Talmudisten, in der mittelalterlichen Religionsphilosophie, im Rabbinismus, in der Kabbala, Mystik und Wissenschaft zum Vorschein. Die geistige Disziplin der Schule erhielt für die Juden dieselbe Bedeutung, die für andere Völker die militärische Disziplin hatte. In dieser herben spirituellen, ich möchte sagen, Einpökelung liegt die Ursache der ausserordentlichen Langlebigkeit der Judenheit. Die Originalität der jüdischen Geschichte in ihrer zweiten Hälfte besteht eben darin, dass sie die einzige Geschichte ohne aktives politisches Element ist, ohne Diplomatenkünste, ohne Kriege und Feldzüge, ohne internationales Faustrecht, kurz, ohne all das, was gewöhnlich den — äusserst eintönigen und öfters gedankenleeren — hauptsächlichen Inhalt vieler anderer Abschnitte der Weltgeschichte ausmacht. In der jüdischen Geschichte haben wir die Chronik eines reichen Innenlebens, eine Bildergallerie aus dem Nationalleben vor uns; ein langer Zug von Thatsachen aus dem Gebiete der Geistesthätigkeit, der Moral, der Religion und des socialen Lebens zieht an unserm Auge vorüber; endlich entrollt sich vor unserm staunenden Blick das gewaltige Gemälde des jüdischen Martyriums. Wenn das innere Leben und die social-geistige Entwickelung eines Volkes den Kern, die gelegentlichen Kriege und die Politik hingegen nur die Schale der Geschichte bilden,[1] dann muss man zugeben, dass die jüdische Geschichte in der Periode der Zerstreuung durchweg aus Kern besteht. Im Gegensatz zu der Geschichte anderer Völker schildert sie uns nicht die zufälligen Thaten der Fürsten und Feldherren, sondern das Leben und die Entwickelung des ganzen Volkes; nicht die äussere Pracht und körperliche Kraft, sondern das innere Leben einer von der Dornenkrone des Märtyrertums umstrahlten Nation, die Heldenthaten des Geistes, der die Schmerzen des Leibes überwindet, gelangen hier zur erschütternden Darstellung. Die jüdische Geschichte ist, um es kurz auszudrücken, eine vergeistigte Geschichte.[2]

Aber trotz dieser eigentümlichen Züge, die die jüdische Geschichte über das gewöhnliche Mass hinausheben und ihr eine Sonderstellung zuweisen, ist sie dennoch nicht isoliert, nicht losgelöst von der Geschichte der Menschheit, sondern im Gegenteil, auf ihrer ganzen Ausdehnung auf das Innigste mit derselben verwachsen. Als Durchmesser des historischen Kreises wird sie in vielen Punkten von den Sehnen dieses Kreises geschnitten. Die Geschicke dieses nach allen Ländern der civilisierten Welt zerstreuten Wandervolkes sind mit den Schicksalen der einflussreichsten Nationen und Staaten und mit mannigfachen Richtungen des menschlichen Denkens organisch verflochten. Dieses Band ist ein zwiefaches: in den Zeiten, da die Mächte der Finsternis und des Fanatismus das Regiment führten, standen die Juden unter der „physischen"

---

[1] Ohne dies (innere geistige Element) ist die Geschichte eine Schale ohne Kern, und so ist sie fast überall. Macaulay, über die Geschichte Griechenlands (Sämtl. Werke IV 408).

[2] Sehr treffend hat ein tiefsinniger jüdischer Geschichtsschreiber bemerkt: „Wenn einst die Weissagungen der jüdischen Propheten in Erfüllung gehen, dass kein Volk gegen das andere Krieg führen wird, wenn das Ölblatt statt des Lorbeers die Stirne grosser Menschen zieren, die Errungenschaften edler Geister in Hütten und Paläste Eingang finden wird, dann wird die Völkergeschichte denselben Charakter, wie die jüdische Geschichte haben; ihre Blätter werden nicht mit Kriegsthaten, Siegen und Diplomatenkünsten, sondern mit den Fortschritten der Kultur und ihrer Verwirklichung im Leben beschrieben sein."

Einwirkung, die die Nachbarvölker durch Verfolgungen, Gewissenszwang, Inquisitionen und dergleichen mehr auf sie ausübten; in den Zeiten hingegen, da Aufklärung und Humanität die Geister beherrschten, standen die Juden unter dem geistigen und kulturellen Einfluss ihrer Nachbarn, zu denen sie in nahe Beziehung traten. (Freilich kommen nur ephemere Abweichungen und Reaktionsmomente hier nicht in Betracht.) Die Judenheit wiederum wirkt ihrerseits ununterbrochen auf andere Völker, sowohl durch ihr eigenes geistiges Schaffen, ihre Weltanschauung und Litteratur, als allein schon durch die Thatsache ihrer geistigen Standhaftigkeit und Lebenszähigkeit, durch ihre ganze eigenartige historische Physiognomie. Diese Wechselbeziehung erzeugt einen grossen Cyklus von geschichtlichen Thatsachen und geistigen Strömungen, welche die Vergangenheit des jüdischen Volkes zu einem organischen Bestandteil der Vergangenheit der ganzen denkenden Menschheit machen.

Wir sahen also, dass die jüdische Geschichte in bezug auf ihren Inhalt in ihren beiden Hälften höchst eigenartig ist. In der ersten „staatlichen" Periode ist sie die Geschichte eines Volkes, dem man den Titel „auserwählt" zuerkannt hat, eines Volkes, welches sich unter dem Einfluss von exceptionellen Bedingungen entwickelt und zuletzt einen so hohen Grad geistiger Reife und Produktivität erlangt, dass es mit dem Schaffen einer neuen religiösen Weltanschauung, die in der Folge zur allgemeinen Weltherrschaft gelangt, sich nicht erschöpft, sich nicht zur Ruhe begiebt, sondern von seinem unverwüstlichen Vorrat an geistiger Energie zu leben fortfährt, ja sogar diesen Vorrat fortwährend mehrt. In ihrer zweiten „länderlosen" Hälfte ist sie die lehrreiche Geschichte eines zerstreuten Volkes, welches aber trotzdem durch die festen ideellen Traditionen zu einem einheitlichen Ganzen zusammengeschlossen wird, welches alles Elend und Ungemach mit stoischer Ruhe über sich ergehen lässt, welches Denker und Dulder in einer Person vereinigt und dem, um sein Leben fristen zu können, Bedingungen genügen, unter denen noch nie ein anderes Volk gelebt, noch überhaupt jemals leben könnte. Die Erzählung von dem Volke als Religionslehrer — dies ist der Inhalt der ersten Hälfte der jüdischen

Geschichte; die Erzählung von dem Volke als Denker, Stoiker und Dulder — dies ist der Inhalt der zweiten Hälfte dieser Geschichte.

Ziehen wir nun das Facit aus unseren Ausführungen in diesem und dem vorigen Kapitel, so können wir unsere Behauptung als begründet hinstellen, dass die jüdische Geschichte, sowohl in bezug auf ihre quantitative Dimension als auch in bezug auf ihre qualitative Komposition eine im höchsten Grade eigenartige und zweifellos ungewöhnliche Erscheinung ist.

III.

Die Bedeutung der jüdischen Geschichte.

Nun wollen wir uns der Frage zuwenden, welche **Bedeutung** für die Gegenwart und die kommenden Geschlechter der jüdischen Geschichte, als einem Gegenstand der Erforschung und Betrachtung, angesichts ihrer bereits genannten besonderen Eigenschaften zukommt. Die Bedeutung der jüdischen Geschichte ist eine zwiefache: eine **nationale** und eine **universale**. Das jüdische nationale Sein hat gegenwärtig seinen Hauptstützpunkt im geschichtlichen Bewusstsein. Im Altertum war es die dreifache Kraft der **Staats-, Rassen- und Religionseinheit**, d. h. die Summe der materiellen und geistigen Faktoren, die die Juden zu einer einigen Nation zusammenschloss. In der darauf folgenden Periode der Länderlosigkeit und Zerstreuung war es hauptsächlich das **religiöse Bewusstsein**, welches die Judenheit zu einem Ganzen vereinigte und das geschwundene Band des Staates und den abgestumpften Rasseninstinkt ersetzte (denn dieser Instinkt schwächt sich notwendigerweise mit der Entfernung vom Urzustand und Heimatboden immer mehr ab). In der neuesten Zeit aber, da infolge der freigeistigen Bewegung, die die ganze Menschheit erfasste, in einem bedeutenden Teile der Judenheit das religiöse Bewusstsein seine Gestalt veränderte oder gänzlich erschüttert wurde, als eine schroffe Meinungsverschiedenheit in der Auffassung des Glaubens und des Kultus sich geltend machte, und das traditionelle, geschichtlich entwickelte Judentum sich ohnmächtig zeigte, die verschiedenartigen Bestandteile des Volksorganismus zusammenzuhalten — in dieser Zeit nun erscheint uns das **geschichtliche Bewusstsein** als der Grundpfeiler der Nationaleinheit. Dasselbe stellt in sich eine ausserordentlich tiefe und komplizierte psychische Erscheinung dar, die sich in gleicher Weise aus physischen, intellektuellen und moralischen Elementen zusammensetzt, aus Angewohnheiten, Anschauungen, aus Emotionen und Gefühlen besteht, die die tausendjährige Erblichkeit in uns zur Ausbildung gebracht hat. Wir Juden sind — sei es bewusst oder unbewusst — durch die gemeinsamen Erinnerungen an unsere grosse, bewegte Vergangenheit, an unsere Heldenthaten auf dem Schlachtfelde des Geistes, durch die uns zu teil gewordene erhabene historische Mission, durch unsere tausendjährigen Leiden, unsere dornenbesäete Wanderlaufbahn, durch unser Martyrium, das wir für unsere Ideeen auf uns genommen, moralisch fest verbunden (denn nach Renans treffender Bemerkung „schliesst gemeinsames Leid die Menschen fester aneinander als gemeinsame Freude.") Eine grosse Kette von geschichtlichen Überlieferungen umfängt uns alle gleich einem mächtigen Ringe; die wunderbare, ohne Beispiel dastehende Vergangenheit hält uns wie mit magnetischer Anziehungskraft an sich gebannt. Infolge der Gleichartigkeit der historischen Schicksale sammelten sich im Laufe der Jahrhunderte in einer ganzen Reihe von Generationen auch gleichartige Eindrücke an, die sich nun krystallisiert und dasjenige abgelagert haben, was man als „jüdische Volksseele" bezeichnen kann. Und hier haben wir den Boden, in dem das jüdische nationale Gefühl als das unbewusste Element und die jüdische nationale Idee als das bewusste Element ihre tiefsten Wurzeln haben.

Aus dem Angeführten geht also hervor, dass die gesamtjüdische nationale Idee und das mit ihr verbundene nationale Gefühl hauptsächlich im geschichtlichen Bewusstsein ihren Ursprung haben, d. h. in einer gewissen Summe von Ideeen und seelischen Neigungen, welche durch die Gesamtheit der erhaltenen historischen Eindrücke naturnotwendig zum Gemeingut der ganzen Nation geworden sind, und welche durch die Auffrischung dieser Eindrücke, durch das Studium der Geschichte, bedeutend ausgebildet und gekräftigt werden können. Von der Kenntnis der Geschichte ist also die Stärke des Nationalbewusstseins abhängig.[1]

---

[1] Eine anders gewendete, lichtvolle Darstellung und Begründung

Doch, abgesehen von dieser ihrer **nationalen** Bedeutung hat die jüdische Geschichte, wie bereits gesagt, auch eine **universale**. Zunächst wollen wir auf ihren **wissenschaftlich-philosophischen** Wert hinweisen. Da die jüdische Geschichte vorzugsweise eine Chronik von Ideeen und geistigen Bewegungen darstellt, so liefert sie für den Philosophen oder Psychologen das bedeutendste und brauchbarste Beobachtungsmaterial. Wenn das Studium anderer, zumeist eintöniger Kapitel aus der Weltgeschichte zur Feststellung psychologischer oder sociologischer Thesen, zur Ausarbeitung umfassender philosophischer Systeme, zur Ermittelung allgemeiner Gesetze geführt

---

dieses Gedankens finden wir in einer andern Schrift desselben Verfassers. Ich lasse hier seine eigenen Worte in deutscher Übersetzung folgen: „Man muss, sagt Herr Dubnow, die **nationale Idee** und das **nationale Gefühl** streng auseinanderhalten, ein Unterschied, der leider meistens verwischt wird. Das nationale Gefühl ist etwas Unmittelbares, es ist in höherem oder geringerem Masse allen Gliedern der Nation als **Verwandtschaftsgefühl angeboren**. Dieses Nationalgefühl hat seine Ebbe und Flut, je nachdem die Nation angesichts der Bedingungen, die von aussen gegeben sind, gezwungen ist, ihre Individualität zu verteidigen oder nicht. Doch da dieses Gefühl nicht ein blosser, blinder Naturtrieb ist, sondern eine komplizierte physische Erscheinung darstellt, so kann es einer gedanklichen Analyse unterzogen werden, d. h. der denkende und mit Bewusstsein lebende Mensch kann aus den gegebenen historischen Thatsachen oder den Ideeen, die zum Gemeingut der betreffenden Nation geworden sind, die Entstehung, Entwickelung und Erhaltungsfähigkeit des Nationalgefühls in derselben auf die eine oder die andere Art eruieren. Die Ergebnisse, zu denen diese Analyse führt, bilden, in ein gewisses System zusammengefasst, den Inhalt der **nationalen Idee**. Die Aufgabe derselben ist es, das Nationalgefühl zu klären und dasselbe in den Augen derer logisch zu sanktionieren, die sich mit einem unbewussten Gefühl nicht zufrieden geben können.

Worin besteht nun, um zum Speziellen überzugehen, das Wesen unserer **jüdischen** Nationalidee? Anders gewendet, woraus besteht jenes Cement, welches uns zu einem festen, einheitlichen Organismus zusammenkittet? Die materiellen Bande einer Nation, Territorium und Staatswesen, haben wir schon längst eingebüsst. An ihre Stelle sind nun abstrakte Prinzipien getreten, Religion und Abstammung.

hat, so liegt ja der Schluss nahe, dass das Kapitel, welches über die jüdische Geschichte berichtet, in einigen Beziehungen das originellste Material für Thesen und Systeme dieser Art bieten muss. Denn wenn die jüdische Geschichte, wie wir im vorigen Kapitel genügend nachgewiesen zu haben glauben, scharf ausgeprägte, eigentümliche Züge aufweist und in die allgemeine Schablone nicht hineinpasst, so müssen ja auch ihre Ergebnisse für die Philosophie etwas Eigenartiges darbieten. Es unterliegt keinem Zweifel, dass auf dem Gebiete der Geschichtsphilosophie und Völkerpsychologie das Studium der jüdischen Geschichte zur Aufstellung von neuen Lehrsätzen führen würde, die von den Forschern, welche nur mit den übrigen Abschnitten der

---

Unstreitbar sind es zwei Faktoren von der grössten Bedeutung, aber, fragen wir dennoch, sind sie es ausschliesslich allein, die das Nationalband in der Judenheit erhalten? Nein, antworten wir, denn würden wir diesen Satz zugeben, so müssten wir konsequenterweise auch die Folgerung anerkennen, dass die Lockerung der religiösen Prinzipien bei den freidenkenden Juden und die Verwischung der Rasseneigentümlichkeiten in den „civilisierten" Schichten unseres Volkes eine entsprechende Lockerung, ja sogar völlige Zerrüttung unserer nationalen Grundlagen nach sich ziehen müsste — während es thatsächlich nicht der Fall ist. Wir können vielmehr beobachten, dass gewöhnlich gerade die liberalen Juden, die „libres penseurs" und die in religiöser Beziehung Indifferenten es sind, die bei all unsern nationalen Bewegungen in der Vorderreihe stehen. Was ist es nun, das diese Juden so mächtig zu ihrem Volke hinzieht, dem doch anzugehören in den meisten Fällen eine Heldenthat, oft sogar ein Martyrium ist? Es muss doch also etwas geben, das uns allen gemeinsam und so umfassend ist, dass es uns alle, trotz der verschiedenartigsten Anschauungen und Bildungsgrade, zu einem festen Ganzen vereinigt. Dieses „Etwas" besteht nun, nach unserer Überzeugung, in der Gemeinsamkeit der historischen Schicksale aller von einander getrennten Teile der jüdischen Nation. Wir sind durch unsere ruhmvolle Vergangenheit fest verbunden, von einer mächtigen Kette geschichtlicher, von unsern Vorfahren erlittener gleichartiger Eindrücke umschlossen, die im Laufe der Jahrhunderte auf die jüdische Seele eindrangen und in ihr einen gewissen festen Niederschlag zurückliessen. Kurz gesagt, die gesamtjüdische Nationalidee gründet sich hauptsächlich auf dem geschichtlichen Bewusstsein".

Anm. d. Übers.

Weltgeschichte operierten, übersehen wurden. In der induktiven Logik giebt es eine Regel, dass, wenn wir irgend eine Erscheinung vor uns haben, die das Ergebnis von zwei oder mehreren zusammenwirkenden Ursachen darstellt, dass wir das Gesetz dieser Erscheinung erst dann genau feststellen können, wenn es uns gelungen ist, vermittelst eines künstlichen Experiments die Ursachen derselben von einander zu isolieren und die Wirkungen dieser Ursachen jede für sich besonders zu beobachten, so dass uns die Möglichkeit gegeben ist, an der Hand dieser Beobachtungen den Anteil einer jeden Ursache an der von ihnen gemeinschaftlich hervorgerufenen Erscheinung mit mathematischer Genauigkeit zu fixieren. (Die sogenannte Differenzmethode.) Indessen ist ein solches Experiment nur bei überaus wenigen Erscheinungen, und auch das nur in der Naturwissenschaft angängig, nicht aber in den Geisteswissenschaften, wo es schon im Charakter der Erscheinungen gegeben ist, dass sie nur beobachtet, nicht aber künstlich reproduziert werden können. Nun aber bietet die jüdische Geschichte in einer Beziehung die Möglichkeit eines solchen Experiments. Im Geschichtsleben der gewöhnlichen „Territorial"- oder „Staats"nationen ist das geistige Element mit dem politischen vollständig verwachsen, infolgedessen können die Gesetze, die jedes von diesen beiden Elementen einzeln regieren, nur annähernd, empirisch, festgestellt werden, da uns unbekannt bleibt, wie sich die Entwickelung irgend eines, sagen wir, des geistigen Elements gestaltet hätte, wenn dasselbe von dem politischen vollkommen getrennt wäre. Und nun bietet die jüdische Geschichte, in der während vieler Jahrhunderte das politische und geistige Element von einander isoliert waren, gleichsam ein lebendig-künstliches Experiment, welches uns die Möglichkeit an die Hand giebt, die Gesetze der geistigen Erscheinungen mit viel grösserer wissenschaftlicher Exaktheit festzustellen, als die Gesetze von Erscheinungen, die das Ergebnis von mehreren gleichartigen Ursachen darstellt.

Aber ebenso, wie durch ihre hohe Bedeutung für wissenschaftliche Zwecke, ihre Fruchtbarkeit für das philosophische Denken, zeichnet sich die jüdische Geschichte vor der

Geschichte anderer Völker auch durch die Fähigkeit aus, einen versittlichenden Einfluss auf das Gefühl zu üben. Nichts wirkt so herzerhebend und gemütveredelnd, wie der Anblick seelischer Standhaftigkeit, wie die Leidensgeschichte eines Märtyrers, der für seine Ideeen gelitten und gestritten. Und die jüdische Geschichte in ihrer zweiten Hälfte ist ja im wesentlichen nichts Anderes. Der hohe erziehliche Wert des ersten, des biblischen Teils dieser Geschichte wird von niemand in Abrede gestellt. Sie wird sogar „die heilige" genannt, und wer die Kenntnis derselben sich aneignet, fördert sein Seelenheil. Doch den tiefen sittlichen Gehalt der zweiten Hälfte der jüdischen Geschichte, der Diasporatragödie, erkennen nur die wenigsten an. Und doch ist gerade sie durch ihre ungewöhnlichen Eigenschaften und hochtragischen Züge in ganz besonderem Masse zu erbauen geeignet. Das jüdische Volk ist nicht blos beachtenswert in den Momenten seiner Machtentfaltung und Selbständigkeit, sondern auch in den Zeiten der Schwäche und der drückenden Abhängigkeit, da es seine geistige Entwickelung mit Aufopferung des eigenen Selbst ununterbrochen erkaufen musste. Ein Denker, von Dornen umwunden, ist nicht minder ehrfurchtgebietend als ein Denker, vom Lorbeer gekrönt. Die Flamme der Scheiterhaufen, auf denen die Märtyrer für ihre Ideeen den Heldentod starben, ist in ihrer Art ebenso überwältigend, wie die Flamme auf dem Gipfel des Sinai. Von beiden wird mit gleicher Kraft, nur auf ungleichem Wege, das Herz ergriffen, das sittliche Gefühl geweckt. Das gepriesene biblische Israel und das verachtete, mittelalterliche Juda — es ist ein und dasselbe Volk, nur verschieden beurteilt in den verschiedenen Phasen seines historischen Lebens. Hatte Israel die Menschheit mit einer religiösen Weltanschauung beschenkt, so zeigte Juda der Welt ein erschütterndes Beispiel von Lebenszähigkeit und Widerstandsfähigkeit im Namen seiner Überzeugungen. Dieses ununterbrochene Geistesleben, dieses rastlose Vorwärtsstreben auf dem Gebiete des religiösen Gedankens, der Philosophie, der Wissenschaft, diese moralische Unerschütterlichkeit in Nacht und Sturm, allen Schicksalsschlägen zum Trotz — ist dieses Schauspiel nicht ehrfurchtgebietend? ... Die grenzenlose Tragik des jüdischen Geschichtslebens wird ihre Wirkung auf ein empfängliches Gemüt nie versagen.¹) Dieses wunderbare Bild eines triumphierenden, die Schmerzen des Fleisches überwindenden Geistes, muss jedes Herz tief ergreifen und nicht blos auf den Juden, sondern auch auf den Nichtjuden herzerhebend wirken.

Für d i e s e n kann die Kenntnis der jüdischen Geschichte unter gewissen Bedingungen noch eine andere, — eine humanitäre Bedeutung haben. Schwerlich wird jemand die jüdische Nation hassen oder verdammen können, wenn er ihren Lebenslauf, ihre tragische und heroische Vergangenheit kennt.²)

¹) „Wenn es eine Stufenleiter von Leiden giebt, so hat Israel die höchste Staffel erstiegen; wenn die Dauer der Schmerzen und die Geduld, mit welcher sie ertragen werden, adeln, so nehmen es die Juden mit den Hochgeborenen aller Länder auf; wenn eine Litteratur reich genannt wird, die wenige klassische Trauerspiele besitzt, welcher Platz gebührt dann einer Tragödie, die anderthalb Jahrtausende währt, gedichtet und dargestellt von den Helden selber?" (Zunz, Die synagogale Poesie des Mittelalters.)

²) Als Beispiel und Beleg dafür, welch tiefen humanitären Einfluss die jüdische Geschichte auf Christen gewinnen kann, möchte ich auf zwei Berühmtheiten des XIX. Jahrhunderts, auf Schleiden und George Eliot und ihr Verhältnis zu den Juden hinweisen. Der grosse Naturforscher und Denker, der im vorgerückten Alter zufällig durch seine Quellenstudien über die Geschichte der Botanik auf die jüdische Geschichte im Mittelalter geführt wurde, wurde von einer glühenden Begeisterung für die Juden, für ihre Geisteskraft und Duldergrösse erfasst, und von diesem Gefühl hingerissen, schrieb er die zwei herrlichen Skizzen: „Die Bedeutung der Juden für Erhaltung und Wiederbelebung der Wissenschaften im Mittelalter" (1876) und „Die Romantik des Martyriums bei den Juden im Mittelalter" (1878). Die Anregung zu diesen beiden Arbeiten gab dem Verfasser, nach seinem eigenen Geständnis, „der Wunsch, wenigstens den Anfang zu machen, um einen Teil des unsäglichen Unrechts, welches die Christen an den Juden begangen haben, wieder gut zu machen". Was nun George Eliot betrifft, so wird es vielleicht nur wenigen bekannt sein, dass sie ihre innige Verehrung für die jüdische Nation, der sie in „Daniel Deronda" einen so glühenden Ausdruck verliehen, aus der Lektüre jüdischer Geschichtswerke geschöpft hat. (Sie citiert Zunz, war mit Deutsch persönlich bekannt, stand im Briefwechsel mit Prof. D. Kauf-

Den Judenfeinden von Profession dürften wir freilich das Studium der jüdischen Geschichte nicht so ohne weiteres empfehlen, denn es könnte ihnen vielleicht schlecht bekommen. Am Ende könnten sie ja noch von ihrer Modekrankheit kuriert werden und zu Ansichten gelangen, die ihnen das Metier lahm legen würden. Man muss in der That auf den Nullpunkt antisemitischer Gefühllosigkeit gesunken sein, um beim Studium der jüdischen Geschichte von dieser erhabenen Duldergrösse, dieser heiligen Demut, dieser glaubensstarken Gottergebenheit, dieser stoischen Unerschütterlichkeit nicht aufs tiefste durchschauert zu werden. Man kann nicht leicht dem die schuldige Verehrung vorenthalten, dem, wie der Dichter[1]) sagt:

Nicht zu sterben war sein Streben:
Zu denken und zu dulden wollt' er leben...

Wenn das herzergreifende Trauerspiel der jüdischen Geschichte einst sich aufrollen wird vor dem staunenden Auge des modernen Geschlechts, welches, das Gebot ihres Heilands missachtend, so wenig Liebe hegt und so viel Hass trägt, — dann werden vielleicht die Herzen weicher gestimmt werden, und auf den Trümmern der nationalen Feindseligkeit wird gegenseitige Liebe thronen, die auf gegenseitigem Verständnis und gegenseitiger Achtung sich gründet. Und wer weiss?... Vielleicht wird die jüdische Geschichte an dem künftigen geistigen Umschwung, der die moderne nationale Intoleranz, die an die Stelle der mittelalterlichen religiösen Unduldsamkeit getreten ist, vernichten soll, ihren nicht unerheblichen Anteil haben. In diesem Falle wird die Aufgabe der jüdischen Geschichte in der Zukunft sich ebenso erhaben erweisen, wie die Mission des jüdischen Volkes in der Vergangenheit: diese bestand in der Verbreitung des Dogmas von der Einheit des Universums; jene wird indirekt beitragen zur Durchsetzung des (leider noch nicht anerkannten) Dogmas von der Einheit des Menschengeschlechts.

mann. Siehe: G. Eliots life by Ch. Gross, vol. IV. 189—227 ed. Tauchnitz). Diese Begeisterung war es auch, die sie im Jahre 1879 veranlasst hat, die leidenschaftliche Apologie der Juden unter dem Titel „das Hep-hep der Gegenwart" zu schreiben.

[1]) Puschkin.

IV.
Die philosophisch-historische Synthese.

Indem wir den Umfang, Inhalt und die Bedeutung der jüdischen Geschichte zu fixieren versucht haben, haben wir blos den formellen Teil unserer Aufgabe erledigt. Wir müssen uns nunmehr dem Hauptstück zuwenden: **den Sinn der jüdischen Geschichte** herauszuschälen, d. h. das Prinzip aufzuzeigen, gegen welches die ganze Mannigfaltigkeit ihrer Erscheinungen konvergiert, und die allgemeinen Gesetze und philosophischen Folgerungen darzulegen, die aus dem eigenartigen Verlaufe ihrer Ereignisse sich ableiten lassen. Vergleicht man die Geschichte mit einem organischen Wesen, so ist ihr Körper das Gerippe der äussern Thatsachen und Ereignisse, die Seele hingegen — das innere Band, das diese Thatsachen zu einem einheitlichen Ganzen verknüpft, das den Sinn, die psychologische Wesenheit derselben darstellt. Es ist jetzt demnach unsere Aufgabe, die **Seele** der jüdischen Geschichte aufzudecken oder, um einen wissenschaftlichen Ausdruck zu gebrauchen, auf Grund der Fakta die **Synthese** der ganzen Vergangenheit des jüdischen Volkslebens zu ziehen. Zu diesem Zweck müssen wir der Reihenfolge nach, perioden- und epochenweise, die wichtigsten Gruppen der geschichtlichen Ereignisse, die bedeutendsten Bewegungen auf dem Gebiete des Lebens und Denkens, die den Entwickelungsverlauf der Judenheit und des Judentums markieren, Revue passieren lassen. Es erübrigt sich wohl hervorzuheben, dass die erschöpfende Behandlung der philosophischen Synthese einer dreitausendjährigen Geschichte nur in einem voluminösen Werke möglich ist; auf folgenden wenigen Seiten aber kann sie nur in grossen Umrissen skizziert oder in einem Miniaturbild gezeichnet werden. Wir können hier nur eine Reihe allgemeiner Lehrsätze mit Hinzufügung der wesentlichsten Argumentation aufstellen; eine detaillierte Beweisführung jedes dieser Lehrsätze ist in der faktischen, erzählenden Geschichte des jüdischen Volkes zu suchen.

Die historische Synthese reduziert sich also auf die Aufdeckung des psychologischen Prozesses der Volksentwickelung. Wir haben vor uns einen Jahrtausende hindurch sich fortentwickelnden Volksgeist, und unsere Aufgabe ist es nun, die Gesetze zu ermitteln, nach welchen sein Wachstum vor sich geht. Zu diesem Zweck müssen wir das Verfahren des Geologen anwenden, der die gegebene Erdmasse in ihre einzelnen Aufschichtungen oder Formationen zerlegt. In der jüdischen Geschichte lassen sich drei Grundformationen unterscheiden, die ihren drei ersten Perioden (der biblischen, der Periode des zweiten Tempels und der talmudischen) entsprechen. Die folgenden Perioden sind nur verschiedene Kombinationen dieser drei Grundformationen mit einigen neuen Aufschichtungen. Solcher Perioden giebt es vier, die sich ordnen lassen entweder nach den Hegemonieen, d. h. nach dem Lande, in welchem zu der betreffenden Zeit der Schwerpunkt der zerstreuten Judenheit lag, oder nach der Geistesrichtung, welche damals vorherrschend war.

Dementsprechend wird sich unsere Klassifikation der jüdischen Geschichte folgendermassen gestalten:

A. Die drei Grundformationen.
   a) Die primäre oder biblische Periode.
   b) die sekundäre oder geistig-politische (die Periode des zweiten Tempels, 538 v. — 70 n.).
   c) die tertiäre oder religiös-nationale (die talmudische Periode 70—500).

B. Die kombinierten Formationen.
   a) Die gaonäische Periode oder die Hegemonie der morgenländischen Juden (500—980).
   b) die rabbinisch-philosophische Periode oder die Hegemonie der spanischen Juden (980—1492).
   c) die rabbinisch-mystische Periode oder die Hegemonie der deutsch-polnischen Juden (1492—1789).
   d) die moderne Aufklärungsperiode (XIX. Jahrhundert).

V.
Die primäre oder biblische Formation.

In der Morgendämmerung der Weltgeschichte, in jener grauen Vorzeit, da Schein und Wirklichkeit ineinander greifen, und die Umrisse der Personen und Gegenstände verschwimmen und zerfliessen, löst sich von diesem trüben Hintergrunde das Bild eines Nomadenstammes ab, welcher von den Wüsten Arabiens in der Richtung nach Mesopotamien und Vorderasien sich bewegt. Auf diesem winzigen Stamme, einem Zweige der semitischen Rasse, liegt ein eigenartiges Gepräge. Es ist ein Hirtenvolk und lebt ununterbrochen in der freien Natur, und doch weiss es, sich jener machtvollen Einwirkung der Naturerscheinungen zu erwehren, die doch sonst die Erkenntnis des Urmenschen überwältigt und ihn zum Sklaven des Sichtbaren und Sinnlichen herabdrückt. Das Zeltleben stimmt vielmehr diese semitischen Nomaden zur Beschaulichkeit. Sie suchen in der unendlichen Mannigfaltigkeit der Naturerscheinungen eine einzige leitende Macht; sie haben ein dunkles Vorgefühl von dem Dasein einer unsichtbaren Weltseele in diesem sichtbaren Weltkörper. Diese Ahnungen sind in dem Patriarchen Abraham personifiziert, der, nach der biblischen Überlieferung, Gemeinschaft hatte mit Gott in den Momenten, da er auf der Weite der Felder „gen Himmel aufschaute und die Sterne zählte" oder wenn „bei Sonnenuntergang ein betäubender Schlaf ihn überfiel, und vor grosser Finsternis ihn Angst ergriff." Hier haben wir den ursprünglichen, rein-kosmischen Charakter der jüdischen Religion deutlich ausgedrückt.

Freilich war auch kein Mangel an fremden menschlichen Einflüssen. Chaldäa, welches auf ihrem Wanderzuge diese eigenartigen semitischen Hirten durchstreiften, beschenkte sie mit Vorstellungen aus ihrer reichen Mythologie und Kosmogonie. Die Eingeborenen Syriens und Kanaans, unter welchen die Abrahamiden sich in der Folge niederliessen, brachten ihnen ebenfalls viele ihrer religiösen Anschauungen und Sitten bei. Doch der Kern der reinen ursprünglichen Weltanschauung blieb unangetastet, und die patriarchalische Lebensweise, erhaben durch ihre Schlichtheit, behauptete noch immer ihre Herrschaft im Kreise des fest zusammenhaltenden Stammes. Doch in Kanaan beginnt zuerst die Sonderung dieses aus Arabien stammenden Hirtenvolkes in verschiedene Teile. Es gestalten sich einzelne Stammgruppen (Moab, Ammon u. a.), die in diesem Lande festen Fuss fassen und sich mehr oder weniger von den Inländern beeinflussen lassen. Nur eine einzige Gruppe bleibt die Hüterin der erhabenen Überlieferungen des Stammes: es waren die „Söhne Jakobs" oder die „Söhne Israels", so genannt nach ihrem dritten Stammvater, dem Patriarchen Jakob. Dieser Gruppe der Israeliten, die sich aus einigen kleineren, eng mit einander verbundenen Stämmen zusammensetzte, war eine besondere Sendung beschieden: es waren ihnen andere Entwickelungsbahnen vorgezeichnet, es harrten ihrer andere Schicksale, die noch Jahrtausende hindurch die ganze denkende und gläubige Menschheit mit Bewunderung erfüllen sollten.

Grosse Charaktere gestalten sich unter dem Einfluss machtvoller Eindrücke, heftiger Erschütterungen, aber hauptsächlich unter dem Einfluss von Leiden. Die Israeliten hatten schon im zarten Jugendalter ihre Leidensschule — Ägypten. Die Übersiedelung der Söhne Jakobs von den Ufern des Jordan nach dem Gestade des Nil war von einschneidender Bedeutung für den weiteren Verlauf ihrer Geschichte. Der Zusammenstoss der patriarchalischen israelitischen Hirten mit der alten, äusserst komplizierten und schon damals in festen Formen ausgeprägten Kultur der Ägypter war das Aufeinanderprallen zweier entgegengesetzter elektrischer Ströme. Die reine Vorstellung von Gott, von Elohim als dem Weltgeist und dem Träger des Alls stiess mit der verschwommenen heidnischen Götterlehre und dem rohen Götzendienst zusammen; der schlichte Kultus der

Hirten, aus einigen überlieferten schmucklosen Ceremonieen bestehend, trat dem raffinierten, grob-sinnlichen Tierkultus der Ägypter gegenüber; die patriarchalischen Sitten der Israeliten standen im schärfsten Gegensatz zu den verderbten Kultursitten der Ägypter. Der an Leib und Seele gesunde Sohn der Natur erblickte sich mit einem Male in einer ungesunden Umgebung, in der die Kultur herrschte, und in der er ebenso verachtet wurde, wie der harmlose Nomade von dem sesshaften „civilisierten" Menschen. Diese Verachtung hatte die Knechtung der Israeliten durch die Pharaonen zur Folge. Das Zusammenleben mit den Ägyptern wirkte auf die Israeliten in zwiefacher Weise: anziehend und abstossend. Denn während einerseits die einheimischen Sitten und Bräuche nicht ohne Eindruck auf die schlichten Fremdlinge bleiben konnten und dieselben zur Nachahmung antreiben mussten, war andererseits das ganze Leben der Ägypter, ihre rohen Glaubensvorstellungen und unsittlichen Sitten nur dazu angethan, die geistig höherstehenden unter den Israeliten mit Abscheu zu erfüllen. Die feindliche Gesinnung der Ägypter gegen die „Eindringlinge" und die entsetzlichen Verfolgungen, in welchen jene Gesinnung ihren Ausdruck fand, mussten nur dazu beitragen, den alten inneren Gegensatz zwischen ihnen und den Israeliten nur noch zu verschärfen. Unter dem Einfluss dieses Gegensatzes entkeimt hier zum ersten Male das nationale Bewusstsein Israels, das Bewusstsein seiner Eigenheit, seiner Individualität. Wohl ist dieses Bewusstsein noch sehr schwach, wohl lebt es nur in einigen wenigen Auserkorenen, aber es lebt, und dereinst, wenn die Zeitverhältnisse sich günstiger gestalten, wird es sich entwickeln und zeigen, was es zu leisten vermag.

Von diesem Bewusstsein getragen ist die Thätigkeit Mosis, des Religionslehrers und Befreiers Israels. Er ist von religiösem und nationalem Gefühl in gleicher Weise durchdrungen, und religiöses und nationales Gefühl zugleich sucht er auch seinen Brüdern beizubringen. Er verbindet die Thatsache der nationalen Befreiung mit der Thatsache der religiösen Offenbarung. „Ich bin dein Gott, der dich hinausgeführt aus dem Lande Ägypten!" — wurde vom Sinai herab vernommen. Der Gottesbegriff wird nationalisiert.

„Ewiger" wird von nun an der Eigenname des Gottes Israels. Wohl ist es derselbe „Elohim", Schöpfer der Welt und Leiter des Alls, dessen Bild dem geistigen Auge der Patriarchen dunkel vorgeschwebt, aber Er ist auch zugleich der spezielle Gott der israelitischen Nation, da diese allein zu Ihm sich voll und ganz bekannte, da diese allein Gott zur Ausführerin Seiner erhabenen Entwürfe erkor.[1]) Israel lernte auf seinen Wanderungen den wüsten Glauben der anderen Völker kennen, es sah, was diese zum Gegenstand ihrer göttlichen Verehrung machten, und da musste es unwillkürlich vom Bewusstsein durchdrungen werden, dass es allein von alters her der Träger des reinen religiösen Gedankens ist, und es musste in ihm der Entschluss reifen, auch fernerhin für ewige Zeiten diesen Gedanken zu vertreten und zu pflegen. Von nun an hat Israel eine klare religiöse und sittliche Weltanschauung und eine zielbewusste Lebensaufgabe.

Diese Weltanschauung sollte, im Geiste ihrer Schöpfer ausgeführt, nicht blos theoretisch die Grundlage für eine Glaubenslehre abgeben, sondern auch praktisch zum Ausgangspunkt der Gesetzgebung werden und sich im ganzen Leben des Volkes bethätigen, welches zu dieser Zeit soeben politische Selbständigkeit erlangt hatte. Die erhabenen religiösen Gedanken sollten nicht etwa den Gegenstand eines schwärmerischen Glaubens oder einer träumerischen Beschaulichkeit bilden, sondern als klare, leitende Grundsätze alle Sphären des individuellen und gesellschaftlichen Lebens umspannen. Die Religion ist nicht etwa ein Ideal, das lediglich ersehnt, sondern ein Ideal, das tagtäglich und unmittelbar bethätigt werden muss. In dem sogenannten „Mosaismus" ist das religiössittliche System mit dem staatlich-socialen auf das innigste verwachsen. Die Grunddogmen des Glaubens werden als leitende Prinzipien für das praktische Leben aufgestellt. So ergiebt z. B. die erhabene Vorstellung von einem einzigen Gott,

---

[1]) Dies ist der wahre, tiefe Sinn der folgenden Verse: „Und Gott redete zu Mose und sprach zu ihm: Ich bin der Ewige. Und Ich erschien Abraham, Isaak und Jakob mit dem Namen El-schaddai, aber mit meinem Namen „Ewiger" habe Ich mich ihnen nicht offenbart. (Ex. VI, 2—8).

auf das sociale Leben übertragen, das Prinzip der Gleichheit aller Menschen vor dieser einzigen allerhöchsten Macht, ein Prinzip, auf welchem sich die ganze biblische Gesetzgebung aufbaut. Die Gebote der Nächstenliebe, die Verachtung der Sklaverei, die Verbindlichkeit der Armenunterstützung, die humane Behandlung der Ausländer, das Mitleid und Erbarmen mit allem Lebenden — all diese erhabenen Gesetze sind die unmittelbaren Folgen jenes Gleichheitsprinzips. Die biblische Gesetzgebung bietet vielleicht das einzige Beispiel einer Staats- und Gesellschaftsordnung, welcher nicht nur die Abstraktionen des Verstandes, sondern auch die Erfordernisse des Gefühls und die edelsten Regungen der menschlichen Seele zu Grunde liegen. Neben dem Prinzip des formalen Rechts und Gesetzes kehrt es den Grundsatz der Gerechtigkeit und Humanität hervor und verkörpert ihn in einer ganzen Reihe von Vorschriften. Die mosaische Lehre ist „eine Propaganda der That": sie verlangt überall eine aktive, nicht blos eine passive Moral. In diesem erhabenen und zugleich vitalen Charakter des Mosaismus liegt die Grundursache seiner Macht. Freilich hatte dies auch zur Folge, dass er nicht sofort, sondern erst allmählich, nach vielen Schwankungen und Abweichungen, im Volksleben festen Boden gewann; im einzelnen jedoch wurde er in einer ganzen Reihe von Jahrhunderten mit dem Wachstum des nationalen Bewusstseins ausgebaut und vervollkommnet.

Die radikale Umwälzung, die das Leben des israelitischen Volkes durch die Eroberung Kanaans, d. h. durch die Erlangung eines nationalen Territoriums erfuhr, schuf auch einen realen Boden für die Weiterentwickelung und allseitige Anwendung der Prinzipien des Mosaismus. Indessen war dies in der ersten Zeit unmöglich. Die Volksmasse war noch geistig nicht reif genug, um sich die erhabenen Grundsätze einer Weltanschauung aneignen zu können, die nur von der denkenden Minorität verstanden und vertreten wurde. Diese Minorität bestand vorzugsweise aus Priestern und Leviten, die zusammen einen geistlichen Stand bildeten, der aber keineswegs von jenem isolierenden Kastengeist erfüllt war, der bei den übrigen Völkern des Orients in so hoher Blüte stand. Die Menge sah nur die ceremonielle Seite der Religion, ihr innerster Kern aber blieb dem Volke verborgen. Dieser Mangel an geistiger Bildung machte das Volk für fremde Einflüsse empfänglich, für Anschauungen, die seinem Verständnis viel näher lagen. Die Ansiedelung in Kanaan unter verwandten semitischen Stämmen, die sich schon längst von den Israeliten getrennt und sich ganz andere Glaubensanschauungen und Sitten angeeignet hatten, wirkte auf den Charakter der Israeliten weit mehr umgestaltend, als der Aufenthalt in Ägypten. Als der erste Siegesrausch verflogen, und die Einheit des israelitischen Volkes durch die partikularistischen Bestrebungen einzelner Stämme gelockert war, lösten sich auch allmählich die geistigen Bande der Nation. Der politische Zerfall zieht den religiösen Abfall nach sich. So oft Israel der Gewalt der Nachbarstämme verfällt, verfällt es auch ihrem Kultus. Diese Erscheinung kennzeichnet durchweg die sogenannte „Richterepoche". Und sie war auch ganz natürlich und psychologisch leicht erklärlich. Die mosaische, nationale Vorstellung vom „Ewigen" wurde, in das Volksbewusstsein eindringend, in immer engerem Sinne aufgefasst, indem sie sich dem beschränkten Geistesvermögen der Majorität anbequemte — das ist ja das Los aller grossen Gedanken! Und nun dachte man sich „den Ewigen" nicht mehr als den einzigen Gott des ganzen Weltalls, sondern als den Schutzgott des israelitischen Stammes. Die Vorstellung von nationalen Schutzgöttern wurzelte damals tief in dem Bewusstsein aller Völkerschaften Vorderasiens. Jedes Volk hatte einen besonderen Stammgott, wie es einen besonderen König hatte: so hatten die Phönicier ihren Baal, die Moabiter den Kemosch, die Ammoniter den Milkom. Der Glaube an den eigenen Gott schloss keineswegs den Glauben an die Existenz anderer Nationalgötter aus, und wenn ein Volk gerade seinem Gotte diente, so war es nur, weil es in ihm seinen Gebieter und Schutzherrn erblickte. Ja der Kampf zweier Völker wurde nach den damaligen Anschauungen lediglich als der Kampf zweier Nationalgötter aufgefasst, und in demselben Masse, in welchem das Ansehen des Gottes des besiegten Volkes schwand, stieg die Zahl der Verehrer des Gottes der siegreichen Nation, und zwar nicht blos unter dem eigenen Volke, sondern auch unter den Andersgläubigen.¹) Diese rohen, grob-sinnlichen Vorstellungen von Gott haben sich auch in die israelitische Volksmasse Eingang verschafft. Hatten die Moabiter ihren Kemosch, die Ammoniter ihren Milkom, so hatte Israel seinen „Ewigen", der, nach dem Muster aller anderen Nationalgötter, sein Volk, den „Klienten", nach Belieben schützt oder verwirft und je nachdem die Gewogenheit seiner Verehrer gewinnt oder verscherzt. In den Zeiten der Not, wenn die Israeliten unter dem Joche eines fremden Volkes seufzten, „vergassen" die Geknechteten ihren „besiegten" „Ewigen", und ebenso, wie sie dem fremden Könige den schuldigen Tribut entrichteten und sich seiner Gewalt unterwarfen, unterwarfen sie sich auch dem fremden Gotte und zollten ihm die schuldige Verehrung. Aus demselben Grunde war auch immer die Befreiung vom fremden Joche verbunden mit der Rückkehr zum Ewigen und dem Aufschwunge des Volksgeistes (die Thaten der Richterhelden). Indessen liess jener häufige Abfall von der Nationalreligion für lange Zeit tiefe Spuren zurück; denn mit den fremden Glaubensvorstellungen nahmen auch die Israeliten die fremden, meistenteils verderbten und schädlichen Sitten an, die zu den erhabenen, das Leben der Gesellschaft und des Einzelnen umfassenden Gesetzen der mosaischen Lehre in schroffem Gegensatze standen

Dem Propheten Samuel, der nach der Zerfahrenheit der Richterepoche auftrat, gelang es nur teilweise, die Anschauungen des Volkes zu läutern und dessen tief gesunkenes geistiges Niveau zu heben. Weit mehr haben die drei glänzenden

---

¹) „Ihr verliesset Mich, — spricht der Ewige zu den Israeliten, — und dientet fremden Göttern; dafür werde Ich euch nicht mehr retten. Gehet doch hin und schreiet zu den Göttern, die ihr euch auserwählt habt, mögen die euch retten zur Zeit eurer Not!" (Richter X 13—14.) Noch bezeichnender als diese Verse sind die Beweisgründe Jephtachs in seinem Sendschreiben an den König von Ammon (richtiger Moab) der auf israelitische Landschaften Ansprüche erhoben hatte. „Du, — sagt Jephtach, — magst jene Länder besitzen, die dir dein Gott Kemosch zum Erbe giebt, alles aber, was uns der „Ewige", unser Gott, zum Erbe giebt, müssen wir besitzen." (Ibid. XI, 24.) Gewöhnlich pflegt man diese Verse ironisch zu nehmen, mir scheint es jedoch, dass in ihnen weit mehr Ernst als Ironie liegt.

Regierungen, Sauls, Davids und Salomos, die der unheilvollen Zerrissenheit der Stämme ein Ende machten, den Geist des Volkes gehoben und die nationale Tradition gefestigt. Das geeinte israelitische Reich feierte seinen Triumph über seine ehemaligen Unterdrücker. Die Götter der fremden Völker krümmten sich im Staube vor dem allmächtigen „Ewigen". Doch hört dieser Geistesaufschwung mit der Teilung des Reiches und der neuen politischen Spaltung zwischen Juda und Israel abermals auf. Wiederum macht sich überall die innere Zerrüttung breit, und unter dem Einfluss des Auslandes verfallen die Sitten und Anschauungen. Selbst die Propheten Elia und Elisa mit ihrer fieberhaften Thätigkeit stehen dieser überwuchernden Sittenlosigkeit machtlos gegenüber. Das israelitische (Zehnstämme-) Reich eilt rasch seinem Untergang entgegen, es teilt das Schicksal so vieler orientalischer Staaten, die infolge innerer Zersetzung den natürlichen Tod gestorben waren. Die begeisterten Reden der ersten israelitischen Propheten Amos, Hosea, Micha, ihre erschütternden Strafpredigten und ergreifenden Mahnreden verhallten, ohne in der entarteten Gesellschaft Gehör zu finden. Erst an das Ohr der späteren Geschlechter drangen diese unsterblichen prophetischen Reden als lebendiges Zeugnis von jener unerreichbaren Höhe, zu der der jüdische Geist selbst in den Zeiten des allgemeinen Niederganges sich emporschwingen durfte. Das Zehnstämmereich ging unwiederbringlich zu Grunde, nun war die Reihe an Juda, welches ebenfalls das sinaitische Gebot der „Heiligung" vergessen hatte und nahe daran war, seinen Geist im Sumpfe des Lebens zu ersticken ...

Aber in diesem kritischen Moment, in welchem es sich um Sein oder Nichtsein handelte, geschieht etwas Wunderbares. Der Geist des Volkes, in seinen edelsten Männern verkörpert, schwang sich empor, und mitten in den politischen Wirren, den entsetzlichen Verirrungen und der sittlichen Fäulnis ertönt der mächtige Weckruf der grossen Propheten Judas. Wie eine lichterlohe Fackel in dichter Finsternis, beleuchten sie grell die Laster der Gesellschaft, leuchten aber auch auf den Weg, der zum sittlichen Ideale aufwärts führt. In der ersten Zeit freilich ist in den Predigten der Propheten das negative Element vorherrschend: sie geisseln schonungslos die Verirrungen und verderbten Sitten, die socialen Ungerechtigkeiten und politischen Fehler, drohen mit der göttlichen Strafe, — d. h. mit den natürlichen Folgen schlechter Handlungen, — und appellieren mehr an den Verstand, als an das Gefühl des Volkes. Doch nach und nach arbeiten die Propheten positive Ideale aus, die weit tiefer gingen als die Ideale, an welchen die alte religiöse Tradition festhielt. Die Propheten waren die ersten, die das Übel an der Wurzel fassten. Sie waren sich offenbar klar darüber, dass der geringen Intelligenz der Masse und den fremden Einflüssen die alleinige Schuld an den so häufigen Verirrungen nicht beizumessen sei, dass vielmehr die jüdische Religionslehre in sich selbst den Keim zu jenen Verirrungen trage. Die Nationalisierung der Gottesidee und die Betonung der ceremoniellen Seite der Religion gegenüber der sittlichen, des Kultus gegenüber der Moral, — die zwei Grundpfeiler, auf die die alte Lehre sich stützte, — sie selbst waren es hauptsächlich, die jene so schroffen Abweichungen vom wahren Geiste des Judentums verschuldeten, und die daher einer Reform unterzogen werden müssten. Und nun tritt überall in den Predigten der Propheten das intensive Streben hervor, einerseits der Gottesidee den ursprünglichen universalen Charakter wieder zu verleihen und andererseits den Wert des Ceremonials herabzusetzen, hingegen die Bedeutung der Sittlichkeit auf religiösem und socialem Gebiet scharf hervorzuheben. Der „Ewige" ist nicht der ausschliessliche Nationalgott Israels, sondern der Gott der ganzen Menschheit, derselbe „Elohim", Weltschöpfer und Welterhalter, den die Patriarchen verehrt hatten, und den alle Menschen, als Seine Geschöpfe, verehren müssen. Seine Vorschriften und Sein Sittengesetz sind für alle Völker verbindlich und werden ihnen allen ohne Unterschied Heil und Segen bringen.[1] Das Ideal der Frömmigkeit besteht in der reinen Gotteserkenntnis und in einem sittlichen Leben. Es kommt eine Zeit, da alle Völker durchdrungen sein werden von der wahren Gotteserkenntnis und von den edelsten sittlichen

---

[1] Folgende zwei Citate — das eine aus Deuteronomium, das andere aus Deuterojesaia — lassen den Abstand zwischen dem religiösen Nationalismus der mosaischen Lehre und dem Universalismus der

Gefühlen; dann tritt auch die Zeit der allgemeinen Verbrüderung ein. Bis dahin aber, solange Israel das einzige Volk ist, welches formell den einzigen wahren Gott und Sein heilbringendes Gesetz anerkennt, besteht die Aufgabe dieses Volkes darin, „ein Banner für die Nationen" zu sein, ihnen die Fahne des Gottesgesetzes, das einst die ganze Menschheit umzugestalten berufen ist, voranzutragen, in sich die höchsten Ideale zu verkörpern. Israel ist ein Völkermissionär, und als solcher muss es ihnen als Muster der Heiligkeit und Seelenreinheit voranleuchten. Hier liegt der Ursprung des grossen Gedankens von dem jüdischen geistigen Messianismus, oder, richtiger gesagt, Missionismus, eines ewigen Gedankens, der umfassender war als die alte Vorstellung von der nationalen Auserwähltheit, und der nun auch an ihre Stelle trat.

Diese erhabenen Lehren wurden in demselben Moment gepredigt, als Juda bereits seinem unglücklichen Schicksal entgegeneilte. Es war jetzt unmöglich, die natürlichen Folgen der früheren Verirrungen aufzuhalten, und das Unabwendbare kam: das mächtige Babylon legte seine schwere Hand auf das winzige Juda. Aber erdrücken konnte es Babylon nicht. Aus der schweren Prüfung ging vielmehr die jüdische Nation geläutert und zu neuem Leben wiedergeboren hervor.

Propheten deutlich hervortreten. Moses spricht zu Israel: „Ein heiliges Volk bist du dem Ewigen, deinem Gotte. Dich hat erwählt der Ewige, dein Gott, Ihm zu sein zum Volke des Eigentums vor allen Völkern, die auf Erden sind. Nicht weil ihr zahlreicher seid, als alle Völker, hat der Ewige euch begehrt und euch erwählt: ihr seid ja das kleinste von allen Völkern, — sondern weil der Ewige euch liebt" (Deuteron. VII, 6—8). Und nun hören wir, was Jesaia II prophezeit: „Höret mich, ihr Eilande, und horchet auf, ihr Völker, von ferne! Der Ewige berief mich ... und sprach zu mir: Mein Knecht bist du, Israel, dessen Ich Mich rühme! Ich aber hatte gedacht: umsonst habe ich mich gemüht und vergeblich meine Kraft verzehrt. Aber fürwahr mein Recht ist bei dem Ewigen und mein Werk bei meinem Gotte. Denn jetzt sprach der Herr zu mir: ... Zu gering ist es, dass du Mir seiest ein Knecht, aufzurichten die Stämme Jakobs und den Überrest Israels zurückzuführen; nein, Ich stelle dich hin zum Lichte für die Völker, dass mein Heil gelange bis ans Ende der Erde." (Jes. XLIX. 1—6.)

VI.
Die sekundäre oder geistig-politische Formation.

Die Volksmasse wird viel leichter durch Umwälzungen und Katastrophen als durch Predigten belehrt. Nebukadnezar hat die Juden viel schneller zur Vernunft gebracht als Jesaia und Jeremia. Die kurze Zeit des babylonischen Exils (586—538 v.) war für das Volk ein Moment tiefer Selbstbetrachtung und Selbstprüfung. Die Geisteskräfte, die bis dahin im Volke geschlummert hatten, schwangen sich empor, und ein Selbstbewusstsein zeigte sich. Das Volk erfasste seinen Beruf, es sah endlich ein, dass, indem es niedriger stehenden Völkern nachahmte, anstatt sie zu belehren und ihnen mit seinem Beispiel voranzugehen, es an seiner Lebensaufgabe Verrat übte. Und als die Stunde der Erlösung vom babylonischen Joche schlug, da erblickte plötzlich das Volk über sich „einen neuen Himmel" und unter sich „eine neue Erde." Zu diesem neuen Himmel hob es seinen von Zerknirschung und Rührung gefeuchteten Blick empor: es erneuerte sein Bündnis mit Gott. Und wie beim Auszuge aus Ägypten war auch hier die nationale Befreiung mit einer Offenbarung verbunden. Doch waren die Offenbarungen der letzten Propheten (insbesondere die „des grossen Unbekannten", des Schöpfers der zweiten Hälfte des Jesaiabuches) viel zu erhaben und universal gedacht, als dass ein Volk, welches soeben eine so schwere Krisis überstanden hatte, sofort an ihre Verwirklichung gehen konnte; diese Offenbarungen konnten ihm jetzt nur als Leitstern, als Endziel, als messianisches Ideal in weiter Ferne entgegenleuchten. Einstweilen aber mussten die Juden äusserlich, durch die Bande der Religionsgesetze, Glaubensanschauungen und Sitten zu einem Volke geeint werden. Die moralistische Religion der Propheten war mehr geeignet, die Vervollkommnung des Individuums herbeizuführen, ohne Unterschied der Nation; jetzt aber handelte es sich gerade um die Nation, die gefestigt und vervollkommnet werden sollte. Für die Festigung einer Nation aber reichte der Universalismus der Propheten nicht aus, vielmehr war hierfür eine äusserliche, religiöse Disciplin erforderlich, bestehend in einem offiziellen Kultus und öffentlichen Ceremonieen. Von diesen Gesichtspunkten geleitet, gingen die jüdischen Gefangenen, als sie nach Jerusalem gekommen waren, zu allererst an die Errichtung eines Tempels heran, um damit ein sichtbares religiöses Centrum zu schaffen, welches den Anziehungspunkt der gesamten Nation bilden sollte.

Die Zeiten der Propheten waren vorüber. Ihr religiöser Universalismus konnte erst der fernen Zukunft vorbehalten sein. Jetzt aber musste das Volk, bevor es als Lehrer auftreten sollte, vor allem selbst lernen und geistig erstarken. Eine solche Aufgabe aber erfordert Jahrhunderte. Daher wird die geistig-nationale Einigung in den Vordergrund gerückt. An die Stelle der Propheten treten die Priester und Schriftkundigen. Die Thätigkeit Serubabels, Esras und Nehemias ist völlig von dem Gedanken durchdrungen, die Religion und den Kultus in den Dienst der nationalen Einigung und Isolierung zu stellen. Die Errichtung des Tempels, der feierliche Gottesdienst mit dem Psalmengesang und den öffentlichen Vorlesungen aus dem „Buche des Gesetzes" (dem Pentateuch, der zu dieser Zeit seine endgültige Redaktion erhalten hat), die Beseitigung alles dessen, was nur die Erinnerung an Fremdes, Heidnisches wachrufen könnte, — das sind die Hebel dieser einigenden Thätigkeit. Auf den ersten Blick mag diese Thätigkeit allzu einseitig erscheinen; vergegenwärtigt man sich aber die damaligen Zeitverhältnisse, so gewinnt man die Überzeugung, dass dieselbe im Interesse der nationalen Restauration unentbehrlich war. Einige Neueinführungen Esras, wie z. B. die Einrichtung der öffentlichen Vorlesungen aus dem Pentateuch, zeugen sogar von dem umfassenden reformatorischen Charakter dieser Thätigkeit; denn sie waren darauf berechnet, das Volk in die Notwendigkeit zu versetzen, sich über die Prinzipien seiner Religion genauer zu unterrichten und den Vorschriften des Gesetzes nicht blindlings, sondern mit Bewusstsein zu folgen. Es wurde die Emporhebung der ganzen Volksmasse zum Niveau der Geistlichkeit angestrebt, die Umwandlung des Volkes, der biblischen Vorschrift gemäss, in ein wirkliches „Priesterreich".

Diese civilisatorische Vorschrift wurde nun der Ausgangspunkt der ferneren Thätigkeit aller Nachfolger Esras, der ganzen sogenannten Schule der „Sopherim" (der Schreibenden, Schriftkundigen). Die politische Stille während der zweihundertjährigen persischen Herrschaft (538—332) war in hohem Grade dazu angethan, die geistige Arbeit und die Organisation des inneren Volkslebens zu fördern. In diesen zwei Jahrhunderten wurde gesammelt, zusammengestellt und niedergeschrieben ein grosser Teil jenes Schrifttums, welches nach dem Pentateuch in dem Buch der Bücher, in der Bibel, Aufnahme gefunden hat. Die unsterblichen Gedanken der Propheten hüllten sich jetzt in Schriftzeichen, verewigten sich auf Pergamentrollen und in Büchern. Die grossen Überlieferungen der Vorzeit, die Annalen aus der Vergangenheit des Volkes, die Psalmen, die die religiöse Begeisterung einer langen Reihe von Generationen geschaffen, die Sprüche, die die Weisen im Altertum gedichtet — all dies wurde mit peinlicher Sorgfalt gesammelt und in Schriftdenkmälern niedergelegt. Die Geistesschätze der Nation werden kapitalisiert, und einzig und allein diese Kapitalisation hat es den folgenden Generationen ermöglicht, aus diesen Schätzen, wie aus einem Quell, Glauben und Wissen zu schöpfen. Wäre diese Sammelthätigkeit der Sopherim, über welche Unkundige sich so wegwerfend äussern, nicht da gewesen, die Menschheit hätte jetzt keine Bibel, diese lichtspendende Sonne der Weltlitteratur.

Diese zwei Jahrhunderte können als die Schuljahre des jüdischen Volkes bezeichnet werden. Die Schriftkundigen waren die Schullehrer der Judenheit. Das Originalschaffen in diesem Zeitraum ist nur gering; das Volk zehrte vom alten Vorrat an geistiger Nahrung, der für einige Generationen vollkommen ausreichte. Diese Epoche ist es, in der die Juden zuerst „ein Volk der Schrift" werden: sie stellen die zwei mächtigsten Hebel des Denkens, die Schreib- und Lesekunst, in ihren Dienst. Sie machen glänzende Fortschritte in der Schule, und als sie die Schule verlassen und ins Leben treten, sind sie bereits imstande, die erworbenen Kenntnisse mit Erfolg praktisch zu verwenden. Sie sind jetzt für alle Wechselfälle des Lebens vorbereitet, sie sind geistig vollkommen ausgerüstet. Diese Ausrüstung konnte kaum gelegener kommen; denn abermals war eine gefahrvolle, gewitterschwangere Zeit im Anzuge. Vom Westen her rückt nach dem Osten eine neue Kulturmacht, der Hellenismus, heran. Alexander der Grosse macht der ungeheuren persischen Monarchie ein Ende und bringt ganz Vorderasien unter seine Gewalt (332). Seine Feldherren verteilen unter sich die eroberten Länder. Die Ptolemäer in Ägypten und die Seleuciden in Syrien hellenisieren mit aller Gewalt die Länder, die ihrem Scepter unterworfen sind. Im alten Pharaonenlande, in Babylonien, Phönicien, Syrien wird jetzt in griechischer Zunge gesprochen, griechische Ceremonieen geübt, griechische Lebensweise eingeführt. Das alte Athen tritt sein Erstgeburtsrecht an Neu-Athen ab, an Alexandrien, die Residenz Ägyptens und kosmopolitische Centrale der damaligen civilisierten Welt. Judäa spielt ein ganzes Jahrhundert hindurch die traurige Rolle eines Zankapfels zwischen der ägyptischen und syrischen Dynastie (320—203). Die Herrschaft der Ptolemäer und die der Seleuciden wechseln mit einander ab, bis Judäa im Jahre 203 endgültig für eine syrisch-macedonische Provinz erklärt wird. Die Machthaber nehmen auch hier die Anpflanzung der griechischen Kultur energisch in Angriff; da sie aber auf Widerstand stossen, nehmen sie zur Gewaltthätigkeit ihre Zuflucht. Anfangs freilich lässt sich die eine Hälfte des Volkes von der „Schönheit Japhets" blenden und strebt die Assimilation mit den Griechen an; als aber die Ausbreitung des Hellenismus der geistigen Individualität des Judentums gefährlich zu werden beginnt, erhebt sich die andere, widerstandsfähigere Hälfte der Nation und schlägt den Feind energisch zurück.

Im Hellenismus ist in der That das Judentum zuerst auf einen ernsten und gefährlichen Gegner gestossen. Es war keine gewöhnliche Begegnung zweier Völker, ja nicht einmal zweier Kulturen, sondern der Zusammenstoss zwischen zwei einander schroff entgegengesetzten, ja einander ausschliessenden Weltanschauungen. Es war ein Zweikampf zwischen „dem Ewigen", dem Schöpfer des Alls, dem unsichtbaren geistigen Wesen, das der Menschheit auf wunderbare Weise religiössittliche Ideale offenbart hatte — und zwischen Zeus, der auf dem Olymp hauste, die höchste Naturkraft personifizierte, ungeheure Quantitäten von Ambrosia und Nektar vertilgte und ein ziemlich liederliches Leben sowohl auf dem Olymp als auch ausserhalb desselben führte. Der Hellene und Judäer konnten sich unmöglich auf religiös-sittlichem Boden näher treten. Jener vergötterte die Natur selbst, den Weltkörper, dieser vergötterte den Schöpfer der Natur, den Weltgeist. Der Hellene verehrte vornehmlich die äussere Schönheit und die physische Kraft; der Judäer verehrte die innere Schönheit und das Heldentum des Geistes. Die hellenische Weltanschauung identifiziert das Sittliche mit dem Schönen und Angenehmen und lässt das Leben in ununterbrochenen physischen und geistigen Genüssen bestehen; die judäische Weltanschauung hingegen ist völlig durchdrungen von der Idee der strengen sittlichen Pflicht, der Seelenreinheit, der „Heiligkeit", verdammt die Zügellosigkeit und stellt als Ideal auf die Bändigung der Leidenschaften und die unendliche Vervollkommnung der Seele, d. h. nicht nur des Verstandes, sondern auch des Gemüts. Diese Verschiedenheit der beiden Weltanschauungen ergab jenen klaffenden Gegensatz in Charakter und Sitten, der den Griechen und Juden in vielen Sphären des Lebens direkt zu Antipoden machte. Zwar ist nicht zu leugnen, dass in intellektueller Beziehung die Juden von den Griechen viel hätten lernen können, besonders auf dem Gebiete der Philosophie und Wissenschaft, von der Kunst gar nicht zu sprechen. Es unterliegt auch keinem Zweifel, dass die Lichtseiten des Hellenismus eine herrliche Ergänzung des Judentums bilden würden, und dass eine harmonische Verschmelzung der Propheten mit Sokrates und Plato eine vielseitige, ideale Weltanschauung würde ergeben haben. Allein der Gang der geschichtlichen Ereignisse machte eine solche Verschmelzung, die zweifellos von beiden Seiten grosse Opfer erfordert hätte, nicht nur von vorne herein unmöglich, sondern hatte sogar zur Folge, dass jener Zwiespalt immer mehr wuchs. Denn einerseits muss man bedenken, dass das Zusammentreffen des Judentums mit dem Hellenismus verhängnisvoller Weise gerade in dem Moment stattfand, als bereits die klassischen Hellenen von den hellenisierten Macedoniern und Syrern verdrängt waren, die wohl die schlechtesten Elemente der antiken Weltanschauung in sich aufgenommen, aber von den intellektuellen Lichtseiten der griechischen Kultur sich nur wenig angeeignet hatten. Andrerseits kommt der Umstand hinzu, dass in dieser Epoche die Griechen die politischen Unterdrücker der Juden waren und durch ihre Tyrannei in demselben Masse das jüdische Nationalgefühl empörten, in welchem sie durch ihr unsittliches Leben das jüdische sittliche Gefühl und die jüdische Keuschheit verletzten.

Diese Empörung des nationalen und religiösen Gefühls fand ihren Ausdruck im Aufstand der Makkabäer (168 v.). Der Greis Mattathia und seine Söhne kämpften für die teuersten und edelsten Güter des Judentums. Die Begeisterung erzeugt den Heroismus. Das griechisch-syrische Joch wurde abgeworfen, und Judäa wurde nach vierhundertjährigem Seufzen unter fremder Herrschaft (der persischen, ägyptischen und syrisch-macedonischen) ein unabhängiger Staat. Dieser Staat wird in der ersten Zeit nach aussen hin durch den selbstaufopfernden Heldenmut der ersten makkabäischen Brüder geschützt und im Innern von den festgegründeten Pfeilern des geistigen Lebens getragen. Die Entstehung der drei berühmten Parteien — der Sadducäer, Pharisäer und Essäer — zeugen keineswegs, wie viele meinen, von der Zersetzung des Volkes, sondern, im Gegenteil, von der ausserordentlichen Intensität seiner geistigen Thätigkeit. In diesen drei Richtungen ist das Selbstbewusstsein der Nation in seiner ganzen Macht und Fülle zum Ausdruck gelangt. Der starre religiöse Dogmatismus der Sadducäer, der umfassende religiös-nationale Prakticismus der Pharisäer, der beschauliche Mysticismus der Essäer — sind die wichtigsten Abzweigungen der damaligen jüdischen Weltanschauung. Infolge der verhängnisvollen äusseren Verhältnisse, die den makkabäischen Staat nach hundertjährigem Bestehen (165—63)[1]) gestürzt hatten, gewann die pharisäische Richtung, die sich am meisten praktisch bewährt hatte, die Oberhand. Als Judäa in die Krallen des römischen Adlers fiel, denen zu entkommen keine Hoffnung mehr war, gewannen die weitblickenden Führer des Volkes die feste Überzeugung, dass die Religion der einzige verlässliche Stützpunkt der jüdischen Nation bleibe, und dass die Erhaltung der Volkseinheit nur durch eine strenge Organisation des Religionsgesetzes, welches das ganze äussere Volksleben umspannen und bestimmen soll, zu erzielen sei. Daher die fieberhafte Thätigkeit der ersten Schöpfer der Mischna (Hillels, Schammais und anderer) und das noch ältere berühmte historische Losungswort: „Machet einen Zaun ums Gesetz!" Hatte bis dahin die religiöse Praxis in ihrer Entwickelung mit den Anforderungen des Gesellschafts- und Einzellebens gleichen Schritt gehalten, da sie erst aus jenen herausgewachsen war, so wurde sie jetzt zur nationalen Funktion, und ihre Weiterentwickelung begann, in Eilmärschen vorwärts zu schreiten.

---

[1]) Die äusseren Ursachen des Sturzes des makkabäischen Staates (die dynastischen Streitigkeiten) sind wohlbekannt; weit weniger sind die inneren, tiefer liegenden Ursachen dieser Katastrophe aufgeklärt. Diese bestanden vielleicht in dem geistlich-politischen Dualismus der damaligen judäischen Regierung. Dem an der Bibel erzogenen Volke schwebte als Ideal ein theokratischer Staat vor, und die ersten Fürsten aus der makkabäischen Dynastie wurden auch teilweise diesem Ideale gerecht, indem sie zu gleicher Zeit als Regenten und Hohepriester fungierten. Allein der Versuch bei anderen Völkern hat schon zur Genüge dargethan, dass diese dualistische Staatsform sich auf die Dauer nicht behaupten kann; denn eines von beiden Elementen, das geistliche oder das weltliche, muss über kurz oder lang unbedingt überwiegen und das gegnerische Element unterdrücken. Im judäischen Reiche mit seiner tiefgehenden religiösen Geistesrichtung erhielt das Übergewicht das geistliche Element, und die politische Zerrüttung war die Folge. Die geistlich-politische Regierungsform tritt vor der geistlich-nationalen zurück. Das religiöse Element war zwar ausser stande, den Staat vor dem Untergang zu bewahren, seine Fähigkeit aber, die Nation zusammenzuhalten, hat es, wie wir sehen werden, glänzend bewährt.

Zum Schutze der alten „mosaischen Gesetze" wurde um sie ein zwiefacher, ja dreifacher Zaun von neuen gesetzlichen Verordnungen aufgerichtet, und der Kultus wurde immer verwickelter. Doch zusammen mit der Ausbildung der Aussenseite der Religion erfuhr eine kräftige Förderung auch das moralische Element im Volke: das Haupt der pharisäischen Richtung, Hillel, ist nicht blos Gesetzgeber, sondern auch ein Musterbild humaner Gesinnung und sittlicher Vollkommenheit.

Während nun das Judentum in seinem Heimatlande nach Absonderung strebt und nach allerlei Isoliermitteln greift, tritt es ausserhalb Judäas mit fremden Lehrsystemen gern in Verbindung und nimmt die Elemente der antiken Kultur in sich auf. Anstatt des schroffen Widerstandes, den das palästinensische Judentum im vormakkabäischen Zeitalter, also im Moment des politischen Kampfes, dem Hellenismus entgegengesetzt hatte, tritt jetzt in Alexandrien das Streben hervor, zwischen beiden Weltanschauungen durch gegenseitige Konzessionen eine Verständigung anzubahnen. In der Residenz der damaligen hellenisierten Welt bildeten die Juden eines der bedeutendsten Kulturelemente der Stadt (die jüdische Kolonie in Alexandrien war, nach Mommsen, quantitativ keineswegs geringer, als die Zahl der jüdischen Einwohnerschaft in der Metropole, in Jerusalem). Von der griechischen Civilisation beeinflusst, übten die Juden auch ihrerseits einen tiefgehenden Einfluss aus auf ihre heidnische Umgebung und brachten in die Entwickelung der damaligen gebildeten Welt neue Prinzipien hinein. Die griechische Übersetzung der biblischen Schriften bildet das Bindeglied zwischen dem Judentum und Hellenismus. Die „Septuaginta" (Übersetzung des Pentateuchs), die seit dem dritten Jahrhundert in Gebrauch war, machte die antike Welt mit der jüdischen Weltanschauung bekannt; die Schöpfungen der Propheten und, in den folgenden Jahrhunderten, die übrigen biblischen Schriften wirkten, in Übersetzungen verbreitet, unwiderstehlich auf das Gemüt des gebildeten Heiden und eröffneten ihm einen Einblick in neue, bisher ihm unbekannte Gedankenkreise. Auf diesem Boden erwuchs die umfangreiche judäo-hellenische Litteratur, von der nur wenige, aber charakteristische Schöpfungen auf uns gekommen sind. Die Verschmelzung der griechischen Philosophie mit der jüdischen religiösen Weltanschauung ergab ein neues religions-philosophisches Lehrsystem mit einem mystischen Anstrich, das hauptsächlich in Philo zum Ausdruck kam. Während das Judentum in Jerusalem als ein System von praktischen Ceremonieen und sittlichen Grundsätzen figurierte, trat es in Alexandrien als ein Compositum von abstrakten Symbolen und poetischen Allegorieen in Erscheinung. Aber in dieser Form konnte das Judentum nur den Verstand, nicht aber auch das Gemüt befriedigen; es war wohl der philosophisch gebildeten Minorität, den oberen Zehntausend zugänglich, doch der Majorität, der Masse der heidnischen Welt, blieb es unverständlich. Und doch war es gerade diese Masse, die am mächtigsten von dem religiösen Drang erfasst war, die, in ihrem alten Glauben getäuscht, am qualvollsten nach neuem Glauben, nach geistiger Erleuchtung lechzte. In der morschen antiken Welt, die so lange ihr Leben mit materiellen und intellektuellen Interessen auszufüllen wusste, erwachte und wuchs mit unwiderstehlicher Gewalt ein sittlich-religiöses Gefühl, das Bedürfnis nach einem lebendigen, thatkräftigen Glauben.

Da steigt aus dem tiefen Schosse des Judentums eine sittlich-religiöse Lehre hervor, die berufen war, das brennende religiöse Bedürfnis zu befriedigen und eine Neugestaltung der Heidenwelt herbeizuführen. Die ursprünglichen Schöpfer des Christentums standen gänzlich auf dem Boden des Judentums: in ihrer Lehre spiegeln sich gleichzeitig die erhabenen sittlichen Grundsätze des Hauptes der Pharisäer, wie die beschaulichen Bestrebungen der Essäer ab. Aber jene unabwendbaren äusseren Verhältnisse, die das Judentum in die Notwendigkeit versetzt hatten, eine so scharf ausgeprägte national-praktische Richtung einzuschlagen, machte ein Zusammengehen des Judentums mit den Predigern der neuen Lehre unmöglich, zwang jene vielmehr, von einer universalen Missionsthätigkeit völlig abzusehen und ihre Kräfte der näherliegenden Aufgabe, der Erhaltung der geistigen Einheit ihrer politisch auseinanderfallenden Nation, ausschliesslich zu widmen.

Und die jüdische Nation zappelte damals bluttriefend in den Krallen des römischen Adlers. Sie rang heldenmütig, mit Selbstverleugnung. Als ihr aber die physischen Kräfte versagten, und sie sich ergeben musste, da stieg in ihr aufs doppelte die geistige Energie. Der Staat ging zu Grunde, die Nation blieb am Leben.... Und in demselben Augenblick, da der Tempel in Flammen loderte, und die römischen Legionen Jerusalem überschwemmten, sassen gedankenvoll die geistigen Führer der Judenheit und sannen emsig nach einem Mittel, welches die jüdische Einheit ohne Staat, ohne Residenz und ohne sichtbaren Tempel erhalten könnte. Und sie haben ihre schwere Aufgabe gelöst. . . .

VII.
Die tertiäre talmudische oder religiösnationale Formation.

Die Lösung dieser Aufgabe bestand hauptsächlich in der Verschärfung des Isolierprozesses. Erscheint auch auf den ersten Blick dieser mächtige Drang nach Absonderung auffällig in einer Zeit, da die Verehrung des Gottes, den das Judentum predigte, in der antiken Welt sich immer mehr ausbreitete, und die Grundgesetze der jüdischen Religion zu immer grösserer Anerkennung und Durchführung gelangten, so wird doch bei näherer Betrachtung diese Erscheinung vollkommen erklärlich. Vor allem wirkt hier als Faktor das Nationalgefühl mit, welches in der Zeit des Unterganges Jerusalems eine gewaltige Steigerung erfuhr und, in Ermangelung eines politischen Bodens, auf das religiöse Gebiet sich übertrug. Hier wurde jegliche Überlieferung, jeder noch so geringfügige Brauch wie ein Kleinod gehegt und gepflegt. Die Juden wollten auch ohne Staat und Territorium eine für sich bestehende, wenn auch nur geistige Nation bilden; denn sie betrachteten sich nach wie vor als die einzigen Wächter des Gottesgesetzes und glaubten nicht an die baldige Erfüllung der prophetischen Verheissung vom „Ende der Tage", da alle Völker zu Gott sich bekehren werden. Ein rigoroser Hüter des Gesetzes, liess sich das Judentum nicht auf jene Kompromisse ein, die das in den Schoss des Glaubens neueingetretene Heidentum für sich forderte. Es wollte keinen einzigen Zug seiner schlichten Dogmatik, keine einzige von seinen Grundceremonieen (wie die Beschneidung und die Sabbatruhe) zum Opfer bringen. Übrigens war in einem Teile des Volkes in der Anfangszeit auch die Hoffnung auf eine politische

Wiederherstellung vorhanden, die die neue Predigt eines ganz anderen Messianismus vollständig verwarf. Diesem Wahn jedoch bereitete ein tragisches Ende der unheilvolle Aufstand Bar-Kochbas (135 n.), dessen unglücklicher Ausgang die letzte Hoffnung auf die Wiederherstellung eines „irdischen Reiches" im Volke erstickte. Da nun wird das Ideal eines geistlichen Staates von dem Ideal einer geistlichen Nation ersetzt, die sich unter einem besonderen religiösen Banner zusammenschart. Von nun an geht die Judenheit immer tiefer in sich und schliesst sich von der übrigen Aussenwelt ab. Ein instinktives Gefühl sagte ihr, dass sie in dieser Welt Gefahr laufe, sich vollständig zu verlieren oder mindestens zu versumpfen; sie verspürte in sich Lebenskraft und Energie genug, um für sich allein zu leben und nach ihrer eigenen Façon selig zu werden; denn sie hatte ihre eigenen geistigen Interessen, ihre besonderen Ideale und den festen Glauben an die Zukunft. Dieser uralte Stammadel, der seinen Adelsbrief in der Vorzeit Tagen vom Herrgott selbst erhalten, verschwägert sich nicht mit neugeadelten „Parvenus", die gestern noch sich bückten vor „Göttern aus Silber und Göttern aus Gold". Dieser silberhaarige Greis, der in seiner sturmbewegten Vergangenheit schon soviel durchlebt und soviel durchdacht hat, mischt sich nicht in die sorglose Schar sich tummelnder Wildfange, steigt nicht hinab zu den vom flüchtigen Enthusiasmus der Jugend erfassten Neophyten ... Treu harrt er aus auf seinem Posten, dieser wetterharte, unbeugsame Hüter des Gesetzes: diesen Posten hat ihm einst Gott selbst anvertraut, und, treu seiner Pflicht, hält er an dem Grundsatze fest: j'y suis, j'y reste.

Wie eine politische Nation, die sich von den Nachbarvölkern bedroht sieht, ihren Halt in der Armee sucht und sich genügend mit Waffen versieht, so muss eine geistige Nation geistige Waffen zur Verteidigung haben. Diese Waffen werden eifrig geschmiedet und niedergelegt in dem gewaltigen Arsenal, Talmud genannt. Der Talmud bedeutet eine komplizierte geistige Disciplin, die zum unbedingten Gehorsam gegen die höchste unsichtbare Macht anhält. In der Disciplin hat die Frage nach der Notwendigkeit einer Vorschrift keinen Raum.

Denn jede einzelne Vorschrift ist schon darum allein notwendig, weil sie mit zur Zucht anleitet. Man frage daher nicht, wozu denn all diese unzähligen religiösen und rituellen Vorschriften, die sich manchmal bis zur äussersten Kleinlichkeit steigern, wozu denn dieses gewaltige Reglement nötig war, in dem jeder Schritt und Tritt im Leben des Gläubigen vorausgesehen ist. Es war eben alles im Interesse der Disciplin erforderlich. Die talmudischen religiösen Bestimmungen in ihrer Gesamtheit verfolgen den Zweck, die ganze Lebensordnung der Nation streng einheitlich zu gestalten, so dass der Jude imstande sei, seinen Glaubensbruder allerorten durch seine eigentümliche Lebensweise von anderen zu unterscheiden. Es ist eine Uniform mit gewissen Abzeichen, an denen die Soldaten desselben Regiments einander erkennen. Trotz der unermesslichen Ausdehnung der jüdischen Diaspora bildeten die Juden allerorten ein fest zusammengefügtes geistiges Heer, einen unsichtbaren „Gottesstaat" („civitas dei"), und nun mussten diese „Ritter vom Geiste", die Bürger dieses unsichtbaren Staates, eine bestimmte Uniform tragen und ein entsprechendes Heeresreglement besitzen.

Zum Schutze der jüdischen Volkseinheit, die nach dem Untergange des Staates in der höchsten Gefahr schwebte, erstand und erstarkte von selbst, ohne äussere Einwirkung, eine ausserordentliche inoffizielle g e i s t i g e D i k t a t u r. Die gesetzgeberische Thätigkeit all dieser Diktatoren, — wie R a b b i J o c h a n a n b e n S a k k a i s, Rabbi A k i b a s, der H i l l e l i t e n und S c h a m m a ï t e n, — kam in der M i s c h n a oder der „mündlichen Lehre", der Grundlage des Talmuds, zum Ausdruck. Diese Thätigkeit hatte noch einen charakteristischen Zug, der besonders hervorgehoben werden muss. Die Gesetze wurden nicht etwa willkürlich und ohne weiteres festgestellt, sondern sie bedurften, um in Kraft zu treten, erst der autoritativen Bestätigung, seitens der „schriftlichen Lehre", des mosaischen Fünfbuches, aus welchem sie, sei es durch logische Interpretation oder durch gekünstelte Deutung des heiligen Grundtextes, seiner Wörter, ja seiner Buchstaben, abgeleitet wurden. Jedes neue Gesetz (mit Ausnahme der eigentlichen „Traditionen", halacha le-Mosche-mi-Sinai) wurde gleichsam mit Beifügung der allerhöchsten

Unterschrift erlassen, d. h. mit Beglaubigung eines Verses oder eines Wortes aus der heiligen Schrift, oder es wurde aus einem anderen Gesetz, welches auf die angedeutete Weise aus der Schrift abgeleitet worden war, gefolgert. Auf diese Weise war die Ausarbeitung eines jeden Gesetzes mit einer sehr verwickelten Gedankenoperation verbunden, bei der sowohl induktiv als deduktiv verfahren werden musste, und juridische Interpretation mit kasuistischer Deutungskunst sich vereinigte. Diese Gesetzgebung war der Beginn d e r t a l m u - d i s c h e n W i s s e n s c h a f t, die von nun an, immer mehr wachsend, die intellektuelle Thätigkeit der Judenheit im Verlaufe vieler Jahrhunderte hauptsächlich für sich in Anspruch nahm. Die Schulen und Akademieen arbeiten eine religiöspraktische Gesetzgebung aus, die dann in denselben Schulen der Gegenstand ferneren theoretischen Studiums wird. Aber im Laufe der Zeiten wird allmählich das Mittel zum Zweck: die theoretische Erforschung des Gesetzes, sich erweiternd und entwickelnd bis zu den äussersten Grenzen, befriedigte a n u n d f ü r s i c h, ohne Rücksicht auf ihren praktischen Wert, die geistigen Bedürfnisse. Die Ergebnisse der Schulwissenschaft erlangten oft bindende Gesetzeskraft fürs praktische Leben, nicht etwa, weil dieses sie erforderte, sondern lediglich, weil sie, sei es logisch oder kasuistisch, von irgend einer Hochschule festgestellt worden waren. Die Zahl solcher Folgerungen aus ursprünglichen und abgeleiteten Gesetzen stieg in progressiver Proportion, und das Leben kam mit Not der Schule nach. „Der Abschluss der Mischna", d. h. die schriftliche Fixierung derselben, hat diesen Forschungseifer keineswegs gedämpft, gab ihm vielmehr einen neuen kräftigen Anstoss. Denn ebenso, wie man bis dahin den Text der heiligen Schrift gedeutet und aus demselben die verschiedensten Schlüsse gezogen hatte, so begann man jetzt das neue kanonisierte Gesetzbuch zu interpretieren und die Grundsätze desselben bis zu den äussersten Konsequenzen weiterzuführen. Auf diesem Boden entstand zunächst „d i e p a l ä s t i n e n s i s c h e G e m a r a"; als aber durch die äusseren Verfolgungen die Stellung des Patriarchats von Palästina untergraben wurde, und infolgedessen der Schwerpunkt der dortigen Talmudhochschulen nach Babylonien verlegt werden musste, gelangte zur Alleinherrschaft die „babylonische Gemara", ein Riesenwerk, das das Ergebnis einer zweihundertjährigen Arbeit ist, und das erst um das Jahr 500 ihren Abschluss fand.

Diese rastlose Gedankenarbeit ging ebenso in die Breite, wie in die Tiefe. Die talmudische Gesetzgebung — die Halacha — beschränkt sich keineswegs auf die religiöse Praxis, wie ausgebreitet auch das Gebiet derselben sein mochte, sondern umspannt den ganzen Kreis des bürgerlichen und gesellschaftlichen Lebens. Abgesehen von den Speisegesetzen, den Vorschriften bezüglich der Festtage, des Gottesdienstes und einer ganzen Masse von Bestimmungen, die das alltägliche Leben regeln, hat der Talmud ein umfassendes und ziemlich wohlgeordnetes System des Civil-, Straf- und Familienrechts ausgearbeitet, welches nicht selten der gepriesenen „rationi scriptae" der Römer nicht im Geringsten nachsteht. Auf rituellem Gebiet mit ausserordentlicher Schärfe und Peinlichkeit vorgehend, lässt sich der Talmud in der sozialen Gesetzgebung von den edelsten Humanitätsprinzipien leiten. Ohne Zweifel findet diese Erscheinung ihre Erklärung darin, dass die religiösen Normen von weit grösserer Wichtigkeit für die Nation sind, als die juridischen Bestimmungen, da diese nur Privatinteressen berühren, und, ihrem inneren Wesen nach, auf die Entwickelung des Volksgeistes von sehr geringem Einflusse sind.

Die schönsten und sympathischsten Züge des jüdischen Geistes in jener Epoche offenbaren sich uns in dem moralphilosophischen und poetischen Teil des Talmuds, in der Agada. Hier hat das Volk sein ganzes Empfinden, seine ganze Seele ausgeschüttet, hier haben wir ein klares Spiegelbild seiner inneren Welt, all seiner Gefühle, Hoffnungen und Ideale. Das kollektive Volksschaffen und die Tendenzen des Geschichtsverlaufes haben hier weit deutlichere Spuren zurückgelassen, als in der trockenen, schulmässigen Halacha. Der gelehrte Jurist und Formalist tritt hier als Weiser- oder als Dichter auf, der in einem warmen, herzerfrischenden Tone sich mit dem Volke über die Erscheinungen in der Welt, der Geschichte und im Leben unterhält. Es setzt einen oft in Erstaunen diese Tiefe des Gedankens und diese Erhabenheit des Gefühls, die so oft in den Aussprüchen der Agada sich äussern; man muss unwillkürlich Ehrfurcht empfinden vor dieser praktischen Weisheit, diesen rührenden, vom Zauberhauch der Poesie durchwehten Legenden, vor dieser patriarchalischen Reinheit der Anschauungen. Doch diese Perlen sind nicht in einem abgerundeten System zusammengestellt, sondern in bunter Mannigfaltigkeit unter eine ungeheure Masse der verschiedensten, manchmal naiven, ja hin und wieder wunderlichen Anschauungen und Meinungen verstreut. Die Gedanken treten hier vor uns, bevor sie sich zu einer festen Form verdichtet haben; sie befinden sich noch in flüssigem, beweglichem Zustande, sind erst im Werden begriffen. Dieser bewegliche, lebendige Geist offenbart sich auch in der M i d r a s c h i m litteratur, die eine direkte Fortsetzung der Agada bildet, und die sich fast bis ans Ende des Mittelalters weiterentwickelt. Die Agada- und Midraschimlitteratur hat als Volksprodukt einen weit höheren a b s o l u t e n Wert als das offizielle Schriftwerk der Halacha: diese ist, wie jede spezielle Gesetzgebung, an bestimmte Verhältnisse und Zeiten gebunden, jene dagegen greift in das Gebiet der ewigen Wahrheiten hinein. Das Schaffen der Philosophen, der Dichter und Moralisten ist dauernder als das Werk der Gesetzgeber.

Doch trotz alledem mangelt es der Agada, bei all ihrer Tiefe, an der nötigen Breite: sie beruht ganz und gar auf nationaler, und nicht universaler Grundlage. Es wäre vergebliche Mühe, wollte man in ihr den umfassenden Universalismus der Propheten suchen. Jedes erhabene Ideal wird hier ausschliesslich für das Judentum mit Beschlag belegt; das Wissen und die Moral überbrücken nicht, sondern erweitern die Kluft zwischen Israel und den übrigen Völkern. Es fehlt eben an einem Luftzufluss von aussen her. Der Gesichtskreis der Nation schrumpft immer mehr zusammen. Das Volksschaffen gewinnt an Intensität, verliert aber in demselben Masse an Umfang. Doch war diese Erscheinung nur eine natürliche Folge des damaligen Geschichtsverlaufes. Man muss sich vergegenwärtigen, was die ersten fünf Jahrhunderte der christlichen Zeitrechnung (die Zeit, in welcher der Talmud ausgebaut wurde) im Leben der Menschheit bedeuteten. Barbarei, Finsternis und elementare Ausbrüche des menschlichen Wandertriebes, wie die „grosse Völkerwanderung", sie sind die Grundzüge, die diesen Jahrhunderten das Gepräge aufdrücken. Es war eine trostlose Übergangszeit zwischen dem Sturze der antiken Kultur und dem Aufkeimen einer neuen, christlichen Civilisation. Der Orient, der damals den Kern- und Schwerpunkt der Judenheit in sich barg, war in undurchdringliches Dunkel getaucht; sowohl in Palästina als auch in Babylonien, also in ihren beiden Centren, waren die Juden rings von Völkern umgeben, die noch auf sehr niedriger Stufe standen, die noch nicht über naive, mystische Glaubensvorstellungen hinausgekommen waren oder noch im rohesten und niedrigsten Aberglauben steckten.

In dieser pechschwarzen Nacht des Mittelalters waren es einzig und allein die Juden, die das Licht des Denkens speisten und nicht ausgehen liessen; und es darf daher nicht Wunder nehmen, dass sie, ohne jemanden sonst um sich zu gewahren, nur sich, und nicht auch anderen, leuchteten. Man muss ferner den Umstand berücksichtigen, dass in diesem Zeitraum in der Christenwelt der Drang, sich vom Judentum abzusondern, immer mehr überhand nahm. Nach dem Nicäischen Konzil und der Erhebung des Christentums unter Konstantin dem Grossen zur Staatskirche wurde ein officieller Bruch zwischen den „Alttestamentlichen" und „Neutestamentlichen" unvermeidlich.

Solchergestalt haben die Juden, ihrer politischen Heimat beraubt, sich eine geistige Heimat geschaffen. Durch die zahllosen religiösen Normen, die der Talmud festgesetzt hatte, und die in gleicher Weise das Leben des Einzelnen, wie der Gesellschaft bestimmten, wurden sie zu einem festen, einheitlichen Ganzen gefügt. Der jüdische Geist, das Nationalgefühl wie das Individualdenken, ist in diesen Einheitsbestrebungen aufgegangen. Der Kopf, das Herz, die Hände, kurz alle menschlichen Funktionen des Juden sind durch diese fünfhundertjährige Arbeit genau geregelt und in feste Formen gebannt worden. Der Talmud schrieb mit peinlicher Genauigkeit für alle Wechselfälle des Lebens Bestimmungen vor und bot bei alledem ausgiebige Nahrung für den Verstand sowohl als für das Herz; er war zu gleicher Zeit eine Religion und eine Wissenschaft. Der Jude war also mit allem Nötigen versehen und konnte alle seine Bedürfnisse aus eigenen Mitteln decken, und er hatte daher gar keinen Grund, an fremde Thüren zu klopfen, selbst wenn er da hätte etwas Neues bekommen können. Die Folgen dieses Zustandes, sowohl die positiven als die negativen, machten sich im weiteren Verlaufe der jüdischen Geschichte geltend.

VIII.
Die gaonäische Periode oder die Hegemonie der morgenländischen Juden.
(500—980.)

Mit dem Abschluss des Talmuds am Anfang des VI. Jahrhunderts lässt die frühere fieberhafte Geistesthätigkeit nach. Der Schwerpunkt des Judentums liegt nach wie vor in **Babylonien.** In diesem Lande, in welchem am Frührot seines Lebens der jüdische Stamm sein Wiegenlied vernommen, und später das gefangene Judäa gesessen und geweint hatte, Zions gedenkend, — in diesem Lande war es auch jetzt der Judenheit vergönnt, nach jahrhundertelangen Prüfungen, nach der Zerstörung des zweiten Tempels, eine sichere Zufluchtsstätte zu finden. Während in den anderen Ländern der Diaspora die Juden durch die Verfolgungen nicht zur Ruhe kommen konnten, lebten sie hier unter persischer Herrschaft einige Jahrhunderte hindurch verhältnismässig unbehelligt, ja erfreuten sich sogar einer inneren Autonomie und hatten ihr Oberhaupt in der Person des **Exilarchen** („Resch-Galutha"). Babylonien war jetzt das Land, von welchem die Lehre und das Gotteswort für die Juden aller Länder ausgingen. Der **babylonische Talmud** wird für das jüdische Volk ein massgebender Codex, das zweite heilige Buch nach der Bibel. Die geistige Stille, die mit dem VI. Jahrhundert eintritt und bis ans Ende des VIII. Jh. fortdauert, verrät sich lediglich in dem Nachlassen des selbständigen Schaffens, nicht aber in der Ermattung der intellektuellen Thätigkeit überhaupt. In den Schulen und Akademieen **Pumbaditas**, **Nehardeas** und

Suras wird nach wie vor wissenschaftlich eifrig gearbeitet, nur ist diese Arbeit vorzugsweise auf die Sichtung und Erläuterung des von den vorangegangenen Generationen angehäuften Materials gerichtet. Darauf beschränkt sich auch die Thätigkeit der Saburäer und der Gaonen, die in demselben Verhältnis zum Talmud standen, wie die „Schriftkundigen" (die Sopherim) in der Zeit des zweiten Tempels zur Bibel (s. oben Kap. VI). Hier wird ebenfalls an der Kapitalisation der angehäuften Geistesschätze gearbeitet; in dieser Arbeit ist wenig Bewegung und Leben, aber umsomehr Ausdauer und Fleiss sichtbar.

Zwei Ereignisse waren es, die die Juden des Orients aus diesem geistigen Gleichgewicht herausgebracht haben: das Auftreten des Islam und die Entstehung des Karäertums. Der Islam, das zweite legitime Kind des Judentums, war dazu berufen, im schlummernden Orient den religiösen Gedanken, der nur eines leisen Anstosses bedurfte, um sich in seiner ganzen Macht entfalten zu können, zu neuem Leben zu erwecken. Der jugendliche Heisssporn, kaum den Kinderschuhen entwachsen, fängt gleich zu toben an; er sucht einen Ausweg für seinen unbändigen Thatendrang, für sein Weltherrschaftsgelüste. Die siegreichen Religionskriege der Bekenner Allahs nehmen ihren Anfang. Diese äussere Bewegung war auch für das Schicksal der Juden nicht ohne Bedeutung. Ihre Umgebung bilden jetzt nicht mehr Heiden, sondern Mohammedaner, die an den Gott der Bibel glauben, und die durch den Mund ihres Propheten den Juden den Ehrentitel eines „Volkes der Schrift" zuerkennen. Im VIII. Jahrhundert hören die Kriege auf, und die ungestüme jugendliche Energie des verjüngten Orients wird in ruhigere Bahnen geleitet. Es entsteht das bagdadische Khalifat, und es beginnt die friedliche Ära des Aufblühens der Industrie, der Wissenschaften und Künste. Die Juden, die von jeher für jede lichtfreundliche Bewegung einen scharfen Blick haben, geben sich dem belebenden Zauber der jugendfrischen arabischen Kultur hin.

Zum Teil unter dem Einfluss der arabischen religionsphilosophischen Sektiererei, zum Teil auch aus innern Ursachen heraus keimt in der zweiten Hälfte des VIII. Jahrhunderts das Karäertum auf. Es beginnt seine Thätigkeit mit einem heftigen Protest gegen den Talmud als den Regulator des Lebens und Denkens, erklärt die Schöpfer dieser ungeheuren Encyklopädie für Usurpatoren der geistigen Gewalt und predigt die Rückkehr zu den unverfälschten biblischen Gesetzen. Wenn in späterer Zeit die Schwäche seiner positiven Prinzipien es war, die das Karäertum an der Ausbreitung gehindert und es in die engen Grenzen einer Sekte verwiesen und dem Stillstand geweiht hat, so war es im ersten Jahrhundert seines Daseins gerade seine heftige Opposition, die eine angestrengte Gedankenarbeit wachrief. Es hat für eine Zeitlang das Judentum von der einseitigen talmudischen Richtung abgelenkt und ihm neue Gebiete des Schaffens eröffnet. Treu ihrem Wahlspruch: „Forschet eifrig in der heiligen Schrift!" widmeten sich die Anhänger des Karäertums dem rationellen Studium derselben Bibel, die bei den Talmudisten nur zu einem Gegenstand kasuistischer Deutungen und legendärer Ausschmückungen geworden war. Durch den Ausbau der Grammatik und Lexikographie des biblischen Sprachschatzes haben sie die hebräische Sprache, die bereits in Vergessenheit geraten und von der aramäischen Mundart verdrängt worden war, zu neuem Leben erweckt und den Grund zu einer verjüngten Poesie gelegt. Der eifrige Gedankenaustausch, der zwischen ihnen und den Talmudisten stattfand, förderte in hohem Grade das religionsphilosophische Denken.

Zu gleicher Zeit von den aufgeklärten Arabern wie von den protestierenden Karäern beeinflusst, verlässt das talmudische Judentum unvermerkt die „vier Ellen der Halacha" und erweitert allmählich seinen Gesichtskreis. Unter den geistigen Führern des Volkes treten Männer auf, die nicht blos dem Talmudstudium obliegen, sondern auch der rationellen Bibelexegese, der Philologie, Poesie und Philosophie mit Eifer sich widmen. Der grosse Gaon Saadia (892—942) vereinigt in sich all diese Gedankenrichtungen: er hat, abgesehen von einer ganzen Anzahl philologischer und anderer Schriften wissenschaftlichen Inhalts, ein bedeutsames religionsphilosophisches System geschaffen, welches dazu dienen sollte, das Judentum zu klären und die religiösen Anschauungen zu läutern. Er ist ein encyklopädistischer Denker, der Repräsentant der höchsten jüdischen und arabischen Bildung (seine Werke schrieb Saadia bekanntlich vorzugsweise arabisch). Auf diese Weise gewinnt das jüdische Denken im Orient immer mehr an Boden, aber den Höhepunkt seiner Entwickelung erreicht es erst bald darauf im Westen. Der Schwerpunkt der Judenheit rückt allmählich von Vorderasien nach Westeuropa hinüber. Beginnend mit dem VI. Jahrhundert, wächst im abendländischen Europa die bisher nur dünn gesäete jüdische Bevölkerung immer mehr an Zahl, und in Italien, Byzanz, Frankreich und im westgotischen Spanien bilden sich bedeutende jüdische Gemeinden. Die mittelalterliche Unduldsamkeit der Kirche bricht, wenn auch nicht so allgemein und so heftig, wie in der Folge, schon in diesem frühen Zeitalter aus. Die Judenverfolgungen der westgotischen Könige Spaniens und der Bischöfe Avitus von Clermont und Agobard in Frankreich (VI.—IX. Jh.) waren nur das Präludium zu den systematischeren und blutigeren Grausamkeiten der Folgezeit. Die Winzigkeit der europäischen Juden und die Unsicherheit ihrer Lage liessen sie nicht zu einem eigenen geistigen Centrum kommen, sondern zwangen sie, die geistige Oberhoheit ihrer orientalischen Glaubensgenossen über sich anzuerkennen. Doch mit dem Beginn des X. Jahrhunderts verändert sich die Situation. Die arabische Civilisation, die sich schon vorher in Spanien Eingang verschafft hatte, brachte eine durchgreifende Umgestaltung im Charakter dieses Landes hervor. Das lichtscheue, halbbarbarische Land der fanatischen Westgoten verwandelt sich in das emporblühende, civilisierte Khalifat der Omejjaden, wohin nun die besten Kräfte der orientalischen Judenheit hinüberziehen. Mit dem Wachstum der jüdischen Bevölkerung im arabischen Spanien und mit der immer grösseren Erstarkung ihrer gesellschaftlichen Organisation rückt dahin allmählich auch das geistige Hauptcentrum des jüdischen Volkes hinüber. Die Akademieen Suras und Pumbaditas treten den Vorrang an die Hochschulen Cordovas und Toledos ab.

Die Judenheit des Ostens übergiebt die nationale Hegemonie der Judenheit des Westens. Die Gaonen treten vor den Rabbinen zurück. Und da endlich entfaltet sich zum ersten Mal nach jahrhundertlanger Zurückgezogenheit der jüdische Geist in seiner ganzen Macht. Der Prozess des Volkswachstums wird zusammengesetzter, mannigfaltiger.

IX.
Die rabbinisch-philosophische Periode oder die Hegemonie der spanischen Juden.
(980—1492.)

Die fünfhundertjährige Periode, deren äusserste Grenzpunkte durch die Entstehung der arabisch-jüdischen Civilisation in Spanien und die Verbannung der Juden aus diesem Lande markiert sind (980—1492), bietet in unserer Geschichte eine so reiche Fülle an Kulturformen und Geistesrichtungen, dass es fast unmöglich wird, sie in eine Formel zu bringen. Die frühere Eintönigkeit des inneren und äusseren Volkslebens wird von einer an Buntheit streifenden Mannigfaltigkeit abgelöst. So sehen wir, zum Beispiel, dass zu derselben Zeit, da die Juden des arabischen Spaniens auf einem mehr oder minder festen politischen Boden stehen, meistenteils Ruhe und Freiheit geniessen und, von der Aufklärungsbewegung der Umgebung fortgerissen, eine angestrengte Thätigkeit auf allen Gebieten des Lebens und Denkens entfalten, — zu derselben Zeit stehen die Juden in den christlichen Ländern Europas auf einem gefahrvollen, vulkanischen Boden, der sie jeden Augenblick zu verschlingen droht, sind fortwährend Verfolgungen ausgesetzt, leben mehr oder weniger abgesondert und denken intensiv zwar, doch einseitig. Streifen hellen Lichtes und tiefdüsteren Schattens folgen in dieser Periode wechselnd auf einander. In der zweiten Hälfte derselben ziehen sich die Schatten immer dichter zusammen, und der Horizont verfinstert sich. Mit dem XIII. Jahrhundert tritt auch im Leben der „privilegierten" spanischen Juden ein

Wendepunkt ein: sie werden allmählich der Herrschaft der Araber entrissen und der Gewalt der katholischen Monarchen unterworfen. Von diesem Moment an teilen sie mit ihren Glaubensgenossen im übrigen Europa jenes geistige Märtyrertum, welches das herrlichste Ruhmesblatt in der jüdischen Geschichte bildet. Denken und dulden — wird die Losung der gesamten Nation.

In der ersten Zeit freilich hatte, wie bereits angedeutet, ein bedeutender Teil der Juden die glückliche Möglichkeit, mehr zu denken als zu dulden. Es war in der klassischen Epoche der arabisch-jüdischen Renaissance, die der italienischen um vier Jahrhunderte vorausging. (Freilich besteht zwischen beiden der Fundamentalunterschied, dass jene durch die Wiedergeburt der Wissenschaften und der Philosophie, diese dagegen vorzugsweise durch die Verjüngung der schönen Künste und der Litteratur gekennzeichnet war.) Das XI. und XII. Jahrhundert bedeuten die Mittagshöhe in der geistigen Entwickelung des mittelalterlichen Judentums. Wie einst in Alexandrien die Combination der judäischen Kultur mit der hellenischen eine reiche Fülle von neuen Ideeen mit universalem Charakter zur Folge gehabt hatte, so hat jetzt die Verschmelzung der jüdischen Kultur mit der arabischen auf spanischem Boden eine Gedankenarbeit erzeugt, die noch dauernder und fruchtbarer war, als jene alexandrinische, da sie, trotz ihres universalen Charakters, nicht im Widerspruch mit dem Nationalgeist stand. Das jüdische Volk streift die frühere Isoliertheit und Menschenscheu ab. Wir finden jetzt Juden in allen Laufbahnen: den einflussreichen und gebildeten Staatsmännern an den khalifischen Höfen, wie Chasdai ibn-Schaprut und Samuel Hanagid, steht eine glanzvolle Plejade Grammatiker, Dichter und Philosophen, wie Jona ibn-Ganach, Salomo Gebirol und Moses ibn-Esra zur Seite. Der philosophisch-kritische Skepticismus Abraham ibn-Esras und der philosophisch-poetische Enthusiasmus Jehuda Halevis leben in Frieden und Eintracht miteinander. Die Beschäftigung mit der Medizin, Mathematik, Physik und Astronomie geht Hand in Hand mit dem Studium des Talmuds, das in diesem Zeitraum unter den spanischen Juden, wenn auch nicht obenan steht, so doch keineswegs schwindet. (Wir erinnern nur an das Compendium Alphâssis). Eine ungewöhnliche Breite und Fülle des geistigen Lebens ist das charakteristische Kennzeichen dieser Epoche. All diese Mannigfaltigkeit der Geistesrichtungen vereinigt sich auf wunderbare Weise in der grossen Persönlichkeit des M a i m o n i d e s, der dieser glorreichen Epoche würdig die Krone aufsetzt. Dieser Geistesriese bringt mit der einen „starken Hand" Ordnung in das talmudische Chaos, das auf seinen Befehl sich in ein abgerundetes juridisches System verwandelt, und mit der andern Hand ist er „Wegweiser der Irrenden" auf dem Gebiete des Glaubens und der Erkenntnis, auf welchem er eine bedeutsame religionsphilosophische Doktrin aufstellt, die in ihrer rationalistischen Klarheit und Weite der Anschauungen kein Seitenstück in der ganzen mittelalterlichen Litteratur findet. Der Grundzug der maimonidischen Philosophie, wie auch aller andern Lehrsysteme, die sich auf derselben aufbauen, ist der Rationalismus; es ist aber kein dürrer, schulmässiger, abstrakter, sondern ein lebendiger Rationalismus, der das ganze Gebiet der höchsten psychischen Erscheinungen umspannt. Es ist nicht schlechthin Philosophie, sondern R e l i g i o n s philosophie, d. h. eine mehr oder minder glückliche Versöhnung der Folgerungen der Vernunft mit den Lehren des Glaubens; es ist eine Vernunft, gemildert durch den Glauben, und ein Glaube, geläutert durch die Vernunft. In der Finsternis des Mittelalters, da die römische Kirche die Religion mit dem rohesten Aberglauben verquickte, da sie ihrer Gemeinde selbst das Bibellesen verpönte und alle Forschung aus dem Gebiete des Glaubens mit geschäftigem Eifer austrieb, da selbst die höchsten philosophierenden Repräsentanten dieser Kirche, wie A l b e r t u s Magnus, jeglichen Versuch, das Volk diesem erbärmlichen geistigen Zustand zu entreissen, von vorne herein als eine kindische Phantasie oder gar als ketzerisches Hirngespinnst zurückgewiesen haben würden, — in einer solchen Zeit bietet eine Philosophie, die die Läuterung der religiösen Anschauungen des Volkes auf ihre Fahne schreibt und dem Aberglauben den Krieg erklärt, ein wahrhaft majestätisches Schauspiel.

Diese breite geistige Entwickelung der Juden des arabischen Spaniens konnte sich infolge der verhängnisvollen äusseren Verhältnisse auf ihre Glaubensbrüder in den christlichen Ländern Europas nicht übertragen. Hier war das innere Leben derselben ebenso düster, wie das äussere. Ihr Gesichtskreis war ebenso eng, wie jene Ghettogassen, in welchen sie zusammengepfercht wurden. Die Kreuzzüge (seit 1096) haben den Juden Frankreichs und Deutschlands deutlich gezeigt, welche Gesinnung gegen sie die Nachbarbevölkerung hegte. Es war die erste grössere und ziemlich handgreifliche Abschlagszahlung, mit der die dankbare Christenheit ihrem alten Religionslehrer — dem jüdischen Volke — das schuldige „Lehrgeld" abzutragen begann. Die Nachkommen des „auserwählten Volkes", welches einst die Bibel geschaffen, wurde von denselben zur Tortur verdammt, die die geistige Hinterlassenschaft dieses Volkes ausnutzten. Das Judentum traf das tragische Schicksal des Königs Lear .... Diese Ströme vergossenen Blutes, dieses Jammergeschrei der niedergemetzelten Gemeinden, diese Tausende von Glaubensmärtyrern, endlich diese ewige Angst für den nächsten Morgen, — konnte dies alles am Charakter des Judentums spurlos vorübergehen? Das jüdische Volk erblickte sich in der höchsten Gefahr, und da klammerte es sich krampfhaft an die teuren Reliquien, an jene Grundpfeiler der Religion, die es für das einzige Unterpfand seiner Rettung hielt. Der jüdische Geist schliesst sich wiederum von der Aussenwelt ab und geht völlig im Talmudstudium auf. Dieses artet hier im nördlichen Frankreich und in Deutschland in äusserste Spitzfindigkeit und scholastische Pedanterie aus. Es ist das Los eines jeden Wissenszweiges, der, vom Stammbaum der allgemeinen Erkenntnis losgerissen, sich in einer dumpfen, schwülen Atmosphäre, bei Mangel an Luft und Licht entwickelt... Wenn der geniale Raschi (1064—1105), dessen Thätigkeit noch vor dem ersten Kreuzzug begann, durch seinen systematischen Kommentar zur Bibel und zum Talmud das jüdische religiöse Schrifttum dem allgemeinen Verständnis erschlossen hatte, so hat die nachfolgende Kommentatorenschule der Tossaphisten durch ihre kleinlichen Grübeleien und kasuistischen Silbenstechereien das talmudische Schrifttum lediglich verwickelter und unverständlicher gemacht. Eine einigermassen nüchterne rationalistische Philosophie konnte natürlich bei dieser Gedankenrichtung nicht aufkommen. Anstatt Ibn-Esra und Maimonides treten uns jetzt Jehuda Hachassid und Elieser aus Worms mit ihren mystischen seligmachenden Erbauungsschriften entgegen, die angefüllt sind von Betrachtungen über das Jenseits und den Himmel, und die die Erde zum „Jammerthal" stempeln (Sepher Chassidim, Rokeach etc). Die dichterische Produktion trägt in dieser düstern Umgebung ebenfalls ein eigentümliches Gepräge. Statt der mannigfaltigen lyrischen Poesie Gebirols und Halevis, die das Wohl und Wehe nicht blos der Nation, sondern auch des Individuums besingt und sich in eine psychologische Analyse vertieft, dringen jetzt an unser Ohr die wehmütigen, herzzerreissenden Töne der synagogalen Poesie, die markerschütternden Stossseufzer, die der gepressten Brust des totgehetzten Volkes sich entringen, die schwermütigen und jammererfüllten Gebete, die so oft die morschen Wände der mittelalterlichen Synagogen in den Augenblicken erschütterten, da sie, von Betenden gefüllt, von den entmenschten Kreuzfahrern in Brand gesteckt wurden. Ein gewaltiger Akkord hallt aus dieser Poesie wieder: morituri te salutant!..

Noch war freilich in Europa ein Plätzchen übrig, welches den Juden ein erträgliches und verhältnismässig ruhiges Leben bot: es war Südfrankreich oder die Provence. Die Bevölkerung der Provence schliesst sich der Kultur ihres Nachbars, des arabischen Spaniens, an und wird die Vermittlerin zwischen ihm und dem übrigen Europa. Diese Kulturvermittelung übernahmen vornehmlich die Juden. Im XII. Jahrhundert bestanden in der Provence einige aus aller Herren Ländern massenhaft frequentierten Universitäten, an welchen als Dozenten der Philosophie, Medizin und anderer wissenschaftlicher Disciplinen meistenteils Juden angestellt waren. Die rationalistische Philosophie der spanischen Juden liess sich hier ex cathedra vernehmen. Die Tibboniden übertragen alle bedeutenderen Werke der jüdischen Denker Spaniens aus dem Arabischen ins Hebräische. Die Kimchiden widmen sich grammatischen Untersuchungen und der Erforschung der

Bibel. In Montpellier, Narbonne und Lunel ist die geistige Arbeit in vollem Schwunge. In der obskuren Masse der Provencebevölkerung beginnen vernünftige Ideen sich durchzusetzen. Das freie Gewissen empört sich gegen den Druck des römischen Klerus. Durch die albigensische Ketzerei wird Innocenz der Dritte, der Begründer der päpstlichen Macht, auch auf die Juden aufmerksam, in denen er die gefährlichen Vorkämpfer des Rationalismus erblickt. Die „Ketzerei" wird im Blute erstickt, die herrliche Provence fällt der römischen Zerstörungswut anheim, und auf den Trümmern der zu Grunde gerichteten Kultur grassiert die dominikanische Inquisition mit all ihren Schrecken (1213).

Von nun an verlegt sich die katholische Kirche mit besonderem Nachdruck auf die Juden; sie verfolgt sie entweder unmittelbar durch ihre Inquisitoren oder mittelbar durch ihren allmächtigen Einfluss auf Könige und Völker. Im Herzen des mittelalterlichen Menschen wird die Flamme des religiösen Hasses entfacht, der den niedrigsten Leidenschaften als Deckmantel dient. Die jüdische Geschichte wird von nun an zur unausgesetzten Leidensgeschichte. Das Lateran-Konzil erklärt die Juden für Verworfene und bestimmt für sie ein besonderes schimpfliches Abzeichen, welches sie in Form eines Kreises aus gelbem Stoff am Oberkleide tragen sollen (1215). In Frankreich werden die Juden unaufhörlich bald das Opfer der Unersättlichkeit der Könige, bald der Sündenbock des wilden Volksfanatismus. Niedermetzelungen, Gütereinziehung, Verbannungen und darauf teuer erkaufte Erlaubnis zur Rückkehr, dann abermals Beschränkungen, Verfolgungen und Vergewaltigungen, — durch diese Massregeln ist die Behandlung der Juden in Frankreich bis an die endgültige Austreibung derselben aus diesem Lande (1394) durchweg gekennzeichnet. In Deutschland werden die Juden nicht so sehr gehasst, als verachtet. Sie sind „Kammerknechte", Staatsleibeigene, müssen als solche drückende Steuern entrichten und sind überdies zu den niedrigsten Gewerben, wie zum Wucher und Trödel, verdammt. Sie sind abgesperrt in ihren engen Ghettos, unter einem Haufen elender Häuschen, die sich um die baufällige Synagoge gleichsam verschüchtert aneinanderdrängen. Was für seltsame Behausungen! Welch riesengrosses Elend, welch unermessliches, stumm ertragenes Leid bergen diese morschen, fluchbeladenen Wohnungen! Doch — wie strahlt es zugleich in ihnen von geistigem Licht, welch erhabene Tugenden, welch hoher Heldenmut offenbaren sich da! In diesen düsteren, verfallenen Judenhäuschen ist die Gedankenarbeit in vollem Schwunge; hell lodert in ihnen die Fackel des Glaubens, und sanftes Licht spendet der reine häusliche Herd. In diesem elenden, entwürdigten „Ghettosohn" steckt ein Geistesriese. Dieser von Leiden gebeugte, entkräftete Körper mit dem gelben „Schandfleck" auf dem alten abgetragenen Mantel birgt eine Denkerseele in sich. Der Sohn des Ghetto kann mit Stolz diesen gelben Kreis auf seinem Mantel tragen, denn in Wahrheit ist er nur — eine Ehrenmedaille für Standhaftigkeit und Selbstverleugnung, die die päpstliche Kirche den Juden verliehen hat. Dieser unbeholfene, schwächliche Jude ist in seiner Art stärker und tapferer als der bis an die Zähne bewaffnete deutsche Ritter; denn er ist ganz von jenem Glauben durchdrungen, der „Berge versetzt". Und wenn es darauf ankommen wird, wird er seinen Heldenmut beweisen. Wenn in sein friedliches Heim stürmen werden die entmenschten Horden Armleders oder die betrunkenen Banden der „Flagellanten" oder die wutentbrannten Rächer des „schwarzen Todes", — dann wird er sich nicht ergeben, nicht sein Leben mit schimpflichem Verrat erkaufen, — nein! er wird todesmutig sein Haupt unter das Henkerbeil legen und seine Heldenseele aushauchen mit dem begeisterten Rufe: „Höre, Israel, der Ewige, unser Gott, ist ein einziger Gott!"

Zuletzt kommen auch die spanischen Juden an die Reihe. Sie müssen nun die Ruhe, die sie bis dahin ungestört genossen, mit Jahrhunderten beispielloser Leiden büssen. Die Herrschaft der Araber wird allmählich aus der pyrenäischen Halbinsel verdrängt, und an ihre Stelle tritt das katholische Regiment der Könige Kastiliens und Aragoniens. Im Jahre 1236 fällt der bedeutendste Mittelpunkt der arabisch-jüdischen Kultur, Cordova, und die Machtsphäre der Araber bleibt nur noch auf das Gebiet Granadas beschränkt. Die Geschicke der spanischen Juden gestalten sich ungünstig. Wohl sind ihnen die Könige und die oberen Zehntausend meistenteils gewogen, und am Hofe Kastiliens und Aragoniens sehen wir Juden als Minister, Ärzte, Astronomen thätig, doch das Volk, durch die Propaganda der Geistlichkeit aufgehetzt, nährt einen furchtbaren Hass gegen die Juden, der sich gegen sie nicht blos als „Ungläubige" (infideles), sondern auch als die stolze Geistesaristokratie richtet. Diese Volkswut war der Zündstoff, der zu den periodischen entsetzlichen Explosionen, zu den blutigen Saturnalien des „Hirtenzuges" (1320), des „schwarzen Todes" (1348), des „Blutbades von Sevilla" (1391) führte.

Doch diese fürchterlichen Schicksalsschläge vermögen nicht den an Unabhängigkeit gewöhnten spanischen Juden, gleich dem Juden Deutschlands, niederzubeugen. Er trägt das Haupt stolz und gerade; denn er ist sich unwillkürlich bewusst, dass er in allen Beziehungen höher steht, als der ihn verfolgende Volkshaufe, ja selbst als die geistlichen Führer desselben. Er schreitet sogar in der geistigen Entwickelung fort; doch diese Entwickelung wird allmählich vom Zug der Zeit bestimmt. Neben der frühern philosophischen Richtung bildet sich in der Litteratur eine mystische heraus. Die Kabbala mit ihrer nebelhaften Symbolik, die so wohlthuend auf das Gemüt und die Phantasie wirkt, kommt der gedrückten Stimmung, die jetzt zum grössten Teil die denkenden Juden beherrscht, eher entgegen als die rationalistische Philosophie. Gegen diese erhebt sich auch der aus Spanien nach Frankreich und Deutschland verpflanzte Rabbinismus. Der Streit, der zwischen diesem und der Philosophie drei Viertel Jahrhundert (1232—1305) sich hinzieht, endigt formell mit dem Triumph des Rabbinismus. Doch die philosophische Thätigkeit ermattet blos, hört aber keineswegs auf, ja eine Zeitlang laufen alle diese drei Richtungen parallel nebeneinander. Zusammen mit den Säulen des Rabbinismus: Ascheri, Raschba, Isaak ben-Schescheth ragen als Philosophen Gersonides (Ralbag), Kreskas und Albo hervor, und ihnen parallel zieht sich eine Linie von Kabbalisten, von Nachmanides und dem Redaktor des Sohar, Moses de-Leon, bis herab zu den anonymen Autoren des mysteriösen „Kana und Pelia".

Doch die Zeiten gestalten sich immer ungünstiger. Immer weiter greift der Katholizismus in Spanien um sich. Der finstere Dominikaner erhebt jetzt nachdrücklich seine Ansprüche auf die jüdische Seele und bemüht sich, sie um jeden Preis in der Welt in den Schoss der alleinseligmachenden Kirche zu ziehen; denn die Bekehrung der Juden würde für den kriegerischen Katholizismus den allergrössten; Triumph bedeuten. Der Dominikanermönch geht hierbei sehr liebevoll zu Werke — und beginnt gewöhnlich mit öffentlichen religiösen Disputationen. Unglücklicherweise jedoch verstehen sich die Juden vorzüglich aufs Disputieren und bringen oft durch ihre kühnen Antworten die selbstbewussten Würdenträger Roms in Verwirrung, obwohl sie doch eigentlich aus bitterer Erfahrung wissen müssten, dass diese Kühnheit ihnen nicht geschenkt bleibt, und dass vom prunkvollen Disputiersaal nur ein kurzer Schritt ist zum dominikanischen Gefängnis und Blutgerüst . . . . Im Jahre 1391 lässt einer dieser würdigen Seelenjäger, der Bischof Ferdinando Martinez, den fanatischen Pöbel von Sevilla gegen die Juden los, und diesmal nicht ohne Erfolg. Viele von ihnen werden unter Androhung der Todesstrafe gewaltsam zum Katholizismus bekehrt; doch werden sie Christen nur zum Schein, innerlich jedoch bleiben sie nach wie vor treu dem Glauben ihrer Väter und erfüllen heimlich unter Todesgefahr die Satzungen desselben. Es ist der Prolog zum Schauerdrama des Marranentums.

Endlich rückt der Moment heran, wo der finstere Katholizismus auf der pyrenäischen Halbinsel zur ausschliesslichen Alleinherrschaft gelangt. Ferdinand der Katholische und Isabella von Kastilien siedeln auf den Trümmern der lichtvollen Kultur der Araber das lichtscheue Regiment des mittelalterlichen Roms an. Die Inquisition wird eingeführt (1480). Torquemada fungiert als Hohepriester beim Kultus der Menschenopfer. In ganz Spanien wird eine Riesenillumination ad gloriam ecclesiae in Scene gesetzt. Allerorten flackern die Scheiterhaufen der Inquisition, allüberall erschüttert die Luft das Verzweiflungsgeschrei der Glaubensmärtyrer, während sie von Flammen umgeben oder auf die Folter gespannt sind, alle Gefängnisse und Kerker sind mit Marranen überfüllt, die Werkzeuge der Tortur sind in vollem Gange .... Da schlägt die Stunde der „Erlösung": im Jahre 1492 werden alle Juden gewaltsam aus Spanien vertrieben und einige Jahre darauf auch aus Portugal. Die jüdisch-arabische Kultur, die ein halbes Jahrtausend geblüht, bricht mit einem Mal zusammen. Das unglückliche Volk greift wiederum zum Wanderstabe und zieht planlos in die weite Welt hinaus.

X.
Die rabbinisch-mystische Periode oder die Hegemonie der deutsch-polnischen Juden.
(1492—1789.)

Die Verbannung aus Spanien wirkte auf die Judenheit wie ein betäubender Schlag aufs Haupt. Das greise Märtyrervolk, welches in seinem Leben schon so vielen Stürmen getrotzt, wurde bei diesem furchtbaren Schicksalsschlage für einen Augenblick schwindlig. Und als es etwas zu sich kam und sich fragte: Wohin? — hatte es mit verblüffender Klarheit den ganzen Schrecken seiner Situation erfasst. Der Boden Europas erbebte unter seinen Füssen. In derselben Zeit, da für die abendländische Christenheit das Mittelalter formell geendet und die Neuzeit bereits begonnen hatte, bestand für die Juden das Mittelalter in seiner ganzen brutalen Macht, ja ihr Leben wurde noch unerträglicher als zuvor. Und was konnte ihnen denn in der That die vielgerühmte Neuzeit bieten? Aus der ganzen humanistischen Bewegung ragt Reuchlin als der einzige Anwalt der Juden hervor, und auch dieser stand den Vorurteilen des Volkes machtlos gegenüber. Die Reformation in- und ausserhalb Deutschlands hatte wohl die Geister erleuchtet, doch nicht die Gemüter erweicht. Ja, der Schöpfer der Reformation, Luther selbst, war nicht frei von Hass gegen Andersgläubige, und ganz besonders hatten sich die Juden bei ihm keiner allzugrossen Sympathieen zu erfreuen. Die Kriege, die, durch die Reformation hervorgerufen, im XVI. und XVII. Jahrhundert im Namen der Religion Europa verheerten, waren nicht im geringsten dazu angethan, der Ausbreitung der Gesittung und Toleranz Vorschub zu leisten. Der Kampf, der die Kirche in ihrem Innern durchtobte, der

Streit, der ihre eigenen Kinder entzweite, vermochte dennoch nicht, die liebevolle Kirche von ihrer mütterlichen Fürsorge für die „ungläubigen" Stiefkinder abzulenken; und nach wie vor hatten sich diese ihrer besonderen Sorgfalt zu erfreuen. In Spanien und Portugal brennen die Scheiterhaufen noch zwei Jahrhunderte lang für die dort übrig gebliebenen Scheinchristen oder Marranen. In Deutschland und Österreich werden die Juden nach wie vor in demselben sklavischen Zustande niedergehalten, leben in entsetzlichen wirtschaftlichen Verhältnissen und sind zur Massenauswanderung nach Polen gezwungen, das ihren Glaubensbrüdern ein verhältnismässig ruhiges Leben bot, und das auch allmählich die jüdische Hegemonie an sich zog. ·... Einige kleinere Staaten und unabhängige Städte Italiens boten ebenfalls den Juden eine, wenn auch nicht immer verlässliche Zufluchtsstätte vor ihren Drängern. Hier hatte auch ein Häuflein schicksalsverfolgter spanischer Exulanten mit dem berühmten Abrabanel an der Spitze Ruhe gefunden. Der übrige Teil derselben aber wandte sich der Türkei zu, und ihrer Provinz Palästina.

Hier setzt sich vorübergehend der geistige Mittelpunkt der Judenheit fest. Was ihnen das alte christliche Europa hartherzig verweigerte, das gewährte jetzt freigebig die junge muselmännische Türkei. Der Sultan Bajazet äusserte sich anlässlich der Judenverbannung aus Spanien: „Wie könnt Ihr nur Ferdinand von Aragonien einen klugen König nennen, denselben Ferdinand, der sein Land arm gemacht und unser Land bereichert hat?!" Dieser Ausspruch kennzeichnet das damalige Verhalten der Türkei den Juden gegenüber. Der ehemalige Marrane Joseph Nassi wird einer der höchstgestellten Würdenträger am Hofe des Sultans Selim (1566 bis 1580) und versteht es, an den europäischen Höfen für die brutale Folterung seines angestammten Volkes auf diplomatischem Wege gelegentlich empfindliche Rache zu üben. Er zieht mit der Freigebigkeit eines Mäcen jüdische Gelehrte und Dichter in seine Umgebung und schafft um sich eine lichterfüllte Atmosphäre des Geistes und Talentes. Die Konstantinopeler jüdische Gemeinde war für alle anderen Gemeinden tonangebend: ihre Rabbiner spielten hin und wieder die Rolle von Patriarchen der Synagoge. Auf eine solche massgebende Rolle erheben besonders Anspruch die Rabbiner Palästinas. (Der Versuch, das rabbinische Patriarchat wiederherzustellen, und der berühmte Streit über die „Semicha" zwischen Jakob Berab und Levi ben-Chabib). Unter den spanischen Exulanten, die sich im heiligen Lande niedergelassen hatten, macht sich eine eigenartige geistige Strömung bemerkbar. Die sturmgepeitschten Wanderer, soeben von den Ufern der mit jüdischem Blute gefärbten Flüsse Tajo und Guadalquivir an das Gestade des väterlichen Jordan zurückgekehrt, wurden beim Anblick der teuern Heimat mächtig erschüttert. Ahasver, der auf seiner wild bewegten, dornenvollen Pilgerlaufbahn alle Leiden der Welt ausgekostet hatte, erblickte plötzlich vor sich die Wiege seiner Kindheit, die gänzlich in Trümmern darniederlag. Von diesen teueren, unvergesslichen Ruinen drang ihm mit unwiderstehlichem Zauber das Gefühl der Heimat entgegen, auf seine Seele fluteten die süssen Erinnerungen an die unwiederbringlich verlorene goldene Jugendzeit, — und unter dem Anprall dieser Gefühle entbrannte lichterloh im Herzen des verlassenen, heimatlosen Märtyrers die leidenschaftliche „Sehnsucht nach Zion", ihn packte der quälende Durst nach politischer Auferstehung. Diese wehmütigen Gefühle und leidenschaftlichen Explosionen haben ihren Ausdruck gefunden in der praktischen Kabbala, deren Schöpfer Ari (Isaak Lurja) und seine berühmte Saphetische Schule war. Der mystische Messianismus wird von nun an einer der wesentlichsten Bestandteile des jüdischen Geistes. Er bezwingt das Herz des gelehrten Joseph Karo, der dem Rabbinismus mit seinem berühmten Ritualcodex „Schulchan Aruch" die Krone aufsetzt, und ergreift gleichzeitig das ganze Wesen Salomo Molchos, dieses begeisterten Jünglings, der, ein ehemaliger Marrane, die baldige Wiedergeburt Israels predigt und diese Predigt mit dem Flammentode besiegelt (1532). Dieser Messianismus mit seinen dunklen Erwartungen versetzt und erhält in fortwährender Aufregung die Gemüter der Marranen jenseits der Pyrenäen und die unglücklichen Juden Italiens, die in der zweiten Hälfte des XVI. Jh. unter dem päpstlichen Fanatismus, der mit dem

Auftreten der Reformation überhandgenommen hatte, am meisten zu leiden haben. Von diesem wehmütigen Nationalgefühl ist die ganze Litteratur jener Zeit durchweht. Die Erinnerung an die ausgestandenen Qualen setzt die Gemüter in Flammen. Es erscheint eine ganze Reihe historischer Chroniken, die über die Jahrhunderte des jüdischen Martyriums berichten (Jochasin, Schebet-Jehuda, Emek-Habacha u. and.). Die bereits fortgeschrittene Buchdruckerkunst wird von nun an für die Juden in der Zerstreuung der mächtigste Hebel der geistigen Einigung. Der päpstliche index librorum prohibitorum ist machtlos gegenüber dieser tief eingreifenden Propaganda der Gedanken und Gefühle vermittelst der Druckerpresse.

Nach Palästina und der Türkei wird Holland für eine Zeit lang das geistige Centrum der zerstreuten Juden (im XVII. Jh.). Als sich dieses freiheitsliebende Land aus den Krallen des raubgierigen Philipps II. und des fanatischen Spaniens losgerissen hatte, eröffnete es das goldene Zeitalter der Gewissensfreiheit, der friedlichen Entwickelung der Kultur und Industrie, und es gewährte Zuflucht den Verfolgten und Verlassenen aus aller Herren Ländern. Hier haben auch die Juden Aufnahme gefunden. Nach Holland strömten in Tausenden die gehetzten Ghettosöhne, insbesondere die Marranen aus der Pyrenäen-Halbinsel, herbei. Amsterdam wird für eine Zeit lang ein zweites Cordova. Das geistige Leben wird rege; die freie Umgebung lockert ein wenig die nationale Exclusivität und erzeugt eine vielseitige geistige Thätigkeit. Der Rabbinismus, die Kabbala, die Religonsphilosophie, die Nationalpoesie, — sie alle haben hier ihre hervorragenden Repräsentanten. Alle diese Richtungen vereinigen sich in der litterarischen Thätigkeit Manasse ben-Israels, eines extensiven, wenn auch nicht intensiven encyklopädistischen Geistes. Der Freisinn und der religiöse Rationalismus treten uns in der Persönlichkeit Uriel Acostas und in noch höherem Grade in der Weltanschauung des unsterblichen Autors des „theologisch-politischen Traktates" (1640—1677) entgegen. Die Rückwirkungen dieses hohen Kulturzustandes in Holland auf die Nachbarländer blieben nicht aus. Von der Bibel begeistert, öffnet das puritanische England unter Cromwell seine Pforten den Juden. In Italien, in der dumpfen Atmosphäre der rabbinischen Scholastik und der krankhaften Mystik, tauchen so bedeutsame Gestalten auf, wie der Bekämpfer des Rabbinismus und der Kabbala Leon de-Modena und der Jünger Galiläis, der Mathematiker, Philosoph und Mystiker Joseph del Medigo.

Doch waren diese Lichtpunkte nur die zufälligen Erscheinungen einer Übergangsperiode. Das Volk als Ganzes war im Zerfall begriffen, und der jüdische Geist schoss hin und her, gleich einem aufgeschreckten Vogel, der sein Nest sucht. Holland oder die Türkei konnten der Judenheit schon deswegen allein keinen genügenden Ersatz für Spanien bieten, weil in ihnen nur ein winziger Bruchteil derselben Unterkommen gefunden hatte. Ein wirkliches Nationalcentrum konnte den Juden nur dasjenige Land werden, in welchem zunächst numerisch der Schwerpunkt des zerstreuten Volkes lag, dann aber auch diesem die Möglichkeit gegeben war, durch ein andauerndes Zusammenleben in kompakten, dicht geschlossenen Massen eine strenge Organisation des Gesellschafts- und Einzellebens durchzuführen. Ein solches Land war, abgesehen von Spanien, nur noch Polen, und an dasselbe geht auch seit dem Anfang des XVI. Jh. allmählich die Hegemonie über die Judenheit über. Mit diesem Moment beginnt die Herrschaft des aschkenasischen (deutsch-polnischen) Elements in der jüdischen Geschichte, während bis dahin das sephardische (spanische, in weiterem Sinne romanische) Element überwogen hatte.

Seit dem Ausbruch der Kreuzzüge eine Kolonie für die jüdischen Auswanderer aus Deutschland bildend, erringt sich Polen seit dem XVI. Jh. allmählich die Bedeutung einer jüdischen Metropole. Die sichere Stellung, die die Juden, als gewerbetreibender Mittelstand von den Königen und der polnischen Szlachta geschützt und gefördert, einnahmen, bewirkte hier ein so rasches Wachstum des jüdischen Elements, dass nach einiger Zeit Polen das numerische Übergewicht über die alten jüdischen Kolonieen des abendländischen Europas erlangte. Die zahlreichen Privilegien, die den polnischen

Juden von Boleslaw dem Kalischer (1264), Kasimir dem Grossen (1347—1370), Witowt (1388), Kasimir IV. (1447) und anderen nachfolgenden Königen gewährt wurden, befestigten endgültig ihre Stellung auf dem ausgedehnten Territorium Polens, Lithauens und der Ukraine. Die eigentümlichen Verhältnisse, in denen die Juden Polens sich befanden, gestalteten bei ihnen das innere Leben ganz eigenartig und riefen eine intensive geistige Thätigkeit hervor. Diese Thätigkeit entwickelt sich aus deutschen Anfängen heraus, setzt sich aber auch aus sehr vielen selbständigen Elementen zusammen. In der Anfangszeit ist es der Rabbinismus, der das gesamte Intellektualschaffen der polnischen Juden fast ausschliesslich für sich mit Beschlag belegt. Der Krakauer Rabbiner Mosche Isserles und der Rabbiner von Ostrog Schelomo Lurja (st. 1572) machen den erstgrössten rabbinischen Autoritäten anderer Länder den Vorrang streitig; ihre Verordnungen und Rundschreiben bezüglich religiöser und juristischer Fragen erhalten bindende Gesetzeskraft. Ihre Mitkämpfer und Nachfolger gründen überall Talmudhochschulen, die massenhaft frequentiert werden. Es erscheinen in Hülle und Fülle Talmudkommentatoren und Ausleger anderer klassischer Werke des theologischen Schrifttums. Die jüdischen Druckereien in Krakau und Lublin entfalten eine emsige Thätigkeit und fördern eine Masse Schriften zu Tage, die den Ruhm der polnischen Rabbiner in alle Welt hinaustragen. Die umfassende Autonomie, der sich die polnisch-litauischen Juden in weitem Umfange zu erfreuen hatten, verlieh der rabbinischen Gesetzgebung den Charakter einer exekutiven Gewalt. Die bis zu einem gewissen Grade mit richterlicher und administrativer Machtbefugnis ausgestatteten Kahale oder jüdischen Gemeindeverwaltungen konnten die leitende Hand der Rabbiner als Gesetzesausleger nicht entbehren; die Rabbinerkorporation ihrerseits wählte aus eigener Mitte ein „geistliches Richterkollegium", das ein ziemlich weites Wirkungsfeld hatte. Die Organisation der Rabbinerversammlungen oder „der Synoden der Vier-Länder" bildet den Schlussstein dieser komplizierten sozial-geistlichen Hierarchie. Die umfassende innere Autonomie und das Netz blühender Talmudhochschulen („Jeschiboth"), das sich über ganz Polen hin ausbreitete, riefen die glänzenden Zeiten des Exilarchats und des gaonäischen Babyloniens in Erinnerung. Freilich fehlte es an bedeutenden vielseitigen Denkern, in der Art Saadia Gaons. Die weltlichen Wissenschaften und die Philosophie waren in Polen in Acht und Bann gethan; der Rabbinismus war es, der die gesamte geistige Energie absorbierte. Die polnischen Juden glichen ebensowenig ihren Glaubensbrüdern im Orient zu Saadias Zeiten oder den Juden Spaniens im Zeitalter Gebirols und Maimonides, wie die Polen jener Zeit den Arabern des „goldenen Zeitalters". Die Isoliertheit und Exclusivität waren hier vom Charakter der christlichen Umgebung und von den fast unüberschreitbaren Grenzen, die in der polnischen Gesellschaft die Stände von einander schieden, bedingt. Aber gerade diese Isoliertheit war es, die dem jüdischen Individual- und Gesellschaftsleben eine ganz besondere Festigkeit und Abgeschlossenheit verlieh; ihr Einfluss war es, der eine scharf ausgeprägte ursprüngliche Kultur zur Blüte emporbrachte und so festigte, dass sie nicht mehr Gefahr lief, von äusseren Strömungen fortgeschwemmt zu werden, und die Fähigkeit erlangte, selbst heftigen Erschütterungen gegenüber standzuhalten.

Einen Wendepunkt in dem Leben der polnischen Juden (wie in der Geschichte der Länder der polnischen Krone überhaupt) bildet das verhängnisvolle Jahr 1648. Die Kosackenmetzelei und die Vernichtungskriege der Jahre 1648—1658 waren für die polnischen Juden dasselbe, was die Kreuzzüge, der „schwarze Tod" und alle anderen Blutbäder zusammengenommen für die Juden Westeuropas gewesen waren. Es hatte den Anschein, als ob die Geschichte, um dem Vorwurf der Parteilichkeit zu entgehen, sich beeilt hätte, Gerechtigkeit walten zu lassen und den Juden Polens dasselbe Leidensmass zuzuteilen, wie den Juden Westeuropas. Aber die polnischen Juden waren bereits genügend gerüstet, um diese verhängnisvolle Gabe von der Geschichte in Empfang nehmen zu können: sie haben bereits jene Höhe geistiger Festigkeit erklommen, bei der Leiden nicht mehr schwächen, sondern, im Gegenteil, nur stärken können. Sie ziehen sich noch mehr auf sich zurück, schliessen sich noch fester in ihrer Innenwelt ab und werden moralisch unempfindlich gegen die Verfolgungen, die bittere Demütigung und tiefe Verachtung, die ihnen von ihrer Umgebung zu teil werden. Der polnische Jude lebt sich allmählich in seinen jammervollen Zustand hinein und glaubt gar nicht, dass es überhaupt anders sein könne. Er kann sich gar nicht die Möglichkeit denken, dass der polnische Gutsherr, der sich seiner zum Amüsement bedient, ihn auch nur mit einer Spur von Achtung behandeln könnte, oder dass seine Nachbarn, der bürgerliche Handelsmann, der deutsche Zunfthandwerker oder der kleinrussische Bauer, gegen ihn freundliche Gesinnungen zu hegen imstande wären. Er sieht sich ringsum von Feinden umgeben und trägt dafür Sorge, dass sein Lager sicherer befestigt werde, wobei er nicht so sehr darauf ausgeht, sich vor feindlichen Angriffen nach aussen hin zu schützen — denn diese waren ja trotzdem unvermeidlich — als ganz besonders darauf, die verderblichen Folgen dieser Angriffe nach innen hin abzuwenden. Um dieses Ziel zu erreichen, bietet er alle Mittel auf, die ihm seine juridische Ausnahmestellung im Staate, wie seine ureigene geistige Gesellschaftsordnung an die Hand gaben. Das kahalisch-rabbinische Selbstverwaltungswesen erlangt immer mehr den Charakter einer inneren Diktatur; die Gesellschaft wird nach strengen Grundsätzen zur Disciplin angehalten; die Synagoge gewinnt in vielen Angelegenheiten die Bedeutung einer letztentscheidenden Instanz. Das Volk wird zu einer kompakten Masse geeint oder, richtiger, zusammengepresst durch ein rein mechanisches Verfahren: durch Druck von aussen und Zuziehung des Knotens von innen. Neben diesem sozialen Faktor wird in den Dienst dieser Einigungsthätigkeit auch ein geistiger Hebel gestellt. Der Rabbinismus nimmt sich zum Gehülfen den Mysticismus: jener führt die Herrschaft über die Geister, dieser die Macht über die Gemüter. Das Wachstum des mystischen Elements förderten sowohl die unglücklichen Verhältnisse, in denen jetzt die polnischen Juden leben mussten, wie auch die messianischen Bewegungen, die sich unter den Juden in anderen Ländern bemerkbar machten.

Um diese Zeit nämlich, in der zweiten Hälfte des XVII. Jahrhunderts, erreicht in der Türkei, in der einst die Wiege der „praktischen Kabbala" gestanden, der Mysticismus den Siedepunkt. Die Lehren Aris, Vitals und der von ihnen begründeten Schule pflanzen sich wie ein Lauffeuer fort; die messianischen Schwärmereien halten alle Gehetzten und Verfolgten in fortwährender Erregung. In Smyrna taucht der falsche Messias Sabbatai Zewi auf — und, wie mit einem Zauberschlage, schafft er sich einen ungeheuren Anhang im Osten und Westen. Während eines Viertel Jahrhunderts (1650—1676) hält er durch seine Agitation zahlreiche jüdische Gemeinden in der heftigsten Spannung. Das totgehetzte Volk wirft sich, gleich einem Fieberkranken, unruhig hin und her, faselt von politischer Wiedergeburt, und die zauberhaften Traumbilder seiner erregten Phantasie bringen sein Blut in heftige Wallung... Die Ernüchterung erfolgt nur langsam. Ja, nicht einmal der Abfall vom Judentum und der Tod Sabbatai Zewis sind imstande, alle seine Anhänger zur Besinnung zu bringen. Viele von ihnen setzen teils öffentlich, teils heimlich die Propaganda seiner Lehre, unter dem Deckmantel eines symbolischen Messianismus, weiter fort.

Diese Propaganda war der Nährboden, auf dem die extremen messianischen und sektirerischen Lehren des XVIII. Jh. emporschiessen. Am stärksten machten sie sich in Polen bemerkbar, in dem damals der Schwerpunkt der Judenheit lag. Ein früherer Bundesgenosse des Rabbinismus, wird der leidenschaftliche und unbändige Mysticismus hin und wieder ein heftiger Gegner desselben. Der heimliche Sabbatianismus, der sich in Polen eingenistet hatte, versteigt sich manchmal zu so weitgehenden dogmatischen und moralischen Extremen, dass die Rabbiner sie nicht mehr ruhig mitansehen können (die Agitation Chajim Malachs, Juda Chassids und anderer galizischer Mystiker, gegen welche die bekannten rabbinischen Bannerklärungen in den 20er Jahren des XVII. Jh. gerichtet sind). Diese mystische Richtung ist die Vorläuferin der ketzerischen christianisierenden Sekte der Frankisten, die sich bereits an die Grunddogmatik des Judentums heranwagt und den Talmud zu Gunsten des Sohar verwirft (1756—1773). Um dieselbe Zeit macht sich in der polnisch-jüdischen Volksmasse eine viel tiefere und lebensfähigere Bewegung bemerkbar, die in der ganzen gesellschaftlichen und geistigen Organisation derselben begründet ist. Die unglückliche, erniedrigende Lage des gemeinen Mannes schaffen, im Verein mit den Traditionen der Kabbala und den Auswüchsen des Rabbinismus, den Boden für den Chassidismus, der das talmudische Raisonnement durch das exaltierte religiöse Gefühl ersetzt und seine Bekennerschaft zu einem festen, einheitlichen Ganzen durch die Kraft des schwärmerischen Glaubens zusammenfügt, im Gegensatz zum Rabbinismus, der dasselbe Ziel mit Hülfe des formalen Gesetzes zu erreichen suchte. Gefahr witternd, erklärt die rabbinische Hierarchie der Kabbala den Krieg (der Streit zwischen Emden und Eibeschütz, der Kampf gegen die polnischen Sabbatianer und Frankisten, der Feldzug des Wilnaer Gaons gegen die Chassidim), — aber zu spät. Der Rabbinismus ist schon zu alt und dürr, als dass er imstande wäre, die impulsiven Ausbrüche der Leidenschaft in der Volksmasse zu dämpfen, die in der religiösen Exstase nach einem Lebenselixir sucht, die nicht nach Licht für den Verstand sich sehnt, sondern nach Wärme für das Herz und exaltierter Selbstvergessenheit schmachtet. Der Chassidismus und sein Trabant, der Zaddikismus, bieten nun der Masse diese Selbstvergessenheit im Glauben; sie setzen ihr eine farbige Brille auf, die die ganze Umgebung in rosigem Licht erscheinen lässt... Sie haben eine bedeutende Verschärfung der jüdischen Exclusivität im Gefolge.

Dieselbe Isoliertheit bemerken wir im XVIII. Jahrhundert auch in anderen Ländern der Diaspora. Überall, wo die Juden, wie in Deutschland, Österreich und Italien, sich in grösserer Anzahl zusammenfinden, werden sie von der Umgebung durch die düsteren Ghettowände geschieden. Die Lage der Juden hat sich zu dieser Zeit in allen Ländern im grossen und ganzen ausgeglichen: überall sind sie nur „geduldet", überall gedrückt und gedemütigt; an Stelle der blutigen Verfolgungen des Mittelalters lastet jetzt auf ihnen der Druck der Ausnahme-Gesetze, die in sozialer Beziehung die Juden gleichsam zu einer inferioren Rasse, zu Bürgern zweiten Grades herabdrücken. Und ebenso sind die Folgen dieser Lage, die geistige Abgeschlossenheit und eine krankhafte religiöse Gemütsstimmung, in allen Ländern dieselben. In der ersten Hälfte des grossen „Jahrhunderts der Vernunft" hatte die Judenheit das Aussehen eines erschöpften, kraftlos einherschlendernden Menschen mit einem umnachteten Bewusstsein und einer offenbar antirationalistischen Gedankenrichtung. Gerade in demselben Moment, da Europa seine mittelalterlichen Verirrungen einzusehen und zu bereuen begann, und die Ära der allgemeinen Menschheitsideale anbrach, in demselben Moment hat sich die Judenheit durch Bollwerke vor der Aussenwelt verrammelt. Elia Gaon und Israel Bescht sind die Zeitgenossen Voltaires und Rousseaus. Es war, so schien es, jede Möglichkeit ausgeschlossen, dass diese zwei schnurstracks entgegengesetzten Welten jemals sich näher treten könnten. Aber die Geschichte kann Wunder wirken. Nicht weit von dem in mittelalterliche Finsternis gehüllten Polen, dämmert über der schlummernden deutschen Judenheit das Morgenrot eines neuen Lebens auf, werden neue Stimmen laut, die wie ein Echo auf den Aufruf des „grossen Jahrhunderts" zur geistigen und sozialen Neugestaltung der Menschheit zurückschallen.

XI.
Die neueste Aufklärungsperiode.
(Das XIX. Jahrhundert.)

Zwei Erscheinungen kennzeichnen den Beginn der neuesten Periode in der jüdischen Geschichte: die Lichtgestalt **Mendelssohns** und die **grosse französische Revolution**. Jener bedeutet die **geistige** Emanzipation der Juden, diese die **politische** Emanzipation derselben. In Wirklichkeit freilich waren diese beiden Erscheinungen keineswegs die letzten Ursachen der sozialen und geistigen Neugestaltung des jüdischen Volkes, sie waren vielmehr auch ihrerseits blos die Folgen jener allgemeineren Ursachen, die dieselbe Regeneration bei allen Völkern Westeuropas herbeigeführt hatten. Die neuen Strömungen, die Aufhebung der abgelebten ideellen und sozialen Formen und ihr Ersatz durch lebensfähigere und gerechtere Grundsätze, der Protest gegen den Aberglauben und Despotismus, — alle diese Thatsachen hatten zur gemeinsamen Urheberin die Wiedererwachung der Vernunft und des freien Gedankens, die über alle gleichmässig ihre Herrschaft geltend machen und nicht danach fragen, ob Jude, ob Christ ... Es könnte jedoch scheinen, als ob die Regeneration der Juden sich rascher vollzogen habe, als die Wiederverjüngung der anderen Völker. Denn während diese zwischen dem Mittelalter und der in Betracht stehenden neuesten Periode die sogenannte „Neuzeit" (von der Reformation bis zur grossen Revolution) hatten, die zwei Jahrhunderte umfasste und den Völkern Europas die Möglichkeit bot, Vorbereitungen für eine vernünftigere und humanere Lebenseinrichtung zu treffen, — hat das „jüdische Mittelalter" erst viel später begonnen und auch später, fast am Vorabend des Jahres 1789, sein Ende erreicht, so dass der Umschwung in den Geistern und in der Lebensweise bei den Juden, unter dem Anprall der rasch einander verdrängenden äusseren Ereignisse, hastig, mit Überspringung der Zwischenstufen, sich vollziehen musste. Man muss aber andrerseits bedenken, dass die Juden schon lange vorher, bereits in der judäo-hellenischen und arabisch-spanischen Periode, ihr „Jahrhundert der Vernunft" durchgemacht hatten, und dass sie daher, trotz der dazwischen liegenden leidensvollen und düsteren Jahrhunderte sich dennoch die Fähigkeit bewahrt hatten, neue Prinzipien in sich aufzunehmen. Den Nachkommen Philos und Maimonides war die rationalistische Bewegung des XVIII. Jahrhunderts teilweise die Wiederholung eines bekannten Geschichtsprozesses. Sie hatten schon einmal eine ähnliche Schule durchgemacht, und sie hatten es daher gar nicht nötig, am Vortage der Prüfung das Pensum nochmals zu repetieren.

Die Umwälzung im Leben der Juden hat sich thatsächlich ungemein rasch vollzogen. Wenn sie in Frankreich durch die Prinzipien der grossen Revolution und die Proklamation der bürgerlichen Gleichberechtigung der Juden beschleunigt wurde, so ist sie in Deutschland auf rein geistiger Grundlage vor sich gegangen. Mendelssohn und Lessing, die als Herolde der geistigen Reform auftraten und die alten Vorurteile bloslegten, wirkten zu einer Zeit, da die deutschen Juden sich noch in ihrer früheren rechtlosen Stellung befanden, die zu erleichtern es „dem Philosophen auf dem Throne", Friedrich II., gar nicht einfiel. Es musste noch eine ganze Generation vergehen, bevor sich die bürgerliche Emanzipation der deutschen Juden vollzogen hatte. Inzwischen jedoch schritt die geistige Emanzipation derselben, ohne „Förderung" von oben her, ununterbrochen emsig weiter, und schon seit dem Ende des vorigen Jahrhunderts hielten die deutschen Juden gleichen Schritt mit ihren christlichen Mitbürgern auf dem Wege des kulturellen Fortschritts. Die aufgeklärten Juden treten in nähere Verbindung mit den aufgeklärten Christen und assimilieren sich ihnen auf dem Boden des allgemeinen Menschentums als Gesinnungsgenossen, die sich zu den gleichen Grundprinzipien bekennen. Wenn sie sich auch von manchen religiösen und nationalen Traditionen lossagen, so thun sie es keineswegs der Nachbarbevölkerung zu Gefallen, sondern lassen sich einzig und allein von jenen allgemeinen Prinzipien leiten, die auch die Nichtjuden zwingen, viele ihrer Traditionen, die mit der Vernunft und mit ihrem Gewissen sich nicht vereinigen lassen, zu verwerfen. Sowohl diese als jene geben sich dem frischen Zug der Zeit hin und lassen sich von der umgestaltenden universalen Bewegung fortziehen. Der besonnene und weise Mendelssohn steht noch gänzlich auf religiös-nationalem Boden. Allein schon das Geschlecht, das ihm nachfolgt, verlässt diesen, um den Boden des allgemeinen Menschentums oder, richtiger, Deutschtums zu betreten. Es berauscht sich an der wundervollen poetischen Atmosphäre, die Goethe und Schiller hervorgezaubert, lässt sich von den freiheitlichen Grundsätzen des Jahres 1789 fortreissen, stürzt sich über Hals und Kopf in den Strudel der Romantik und nimmt regen Anteil an vielen hervorragenden politischen, sozialen und litterarischen Bewegungen des damaligen Europa (Börne, Heine und ihre Mitstreiter).

Allein dieser anfängliche Taumel verfliegt sehr rasch. Als die lärmende Feier der Regeneration verrauscht war, als die drückende Reaktion (nach 1814) sich centnerschwer über das Europa des XIX. Jahrhunderts lagerte, und auf Gottes Erde jene Elemente der Finsternis sich wieder zu regen begannen, die man unter den Trümmern des „alten Kurses" für ewige Zeiten begraben wähnte, da kamen auch die deutschen Juden, d. h. der höherstehende denkende Teil derselben, zur Besinnung. Diese höherstehenden, intelligenten Kreise gelangten zu der Überzeugung, dass sie, sich der allgemeinen deutschen Bewegung hingebend, ihr eigenes Volk vollständig vernachlässigt und für dasselbe fast gar nichts geleistet hatten. Und doch hatte auch dieses Volk seine eigenen, praktischen oder geistigen, Bedürfnisse, seine besondere nationale Lebenssphäre, die zwar von der grösseren Sphäre der Gesamtmenschheit (wie ein kleiner koncentrischer Kreis von einem grösseren) umspannt, doch keineswegs von derselben absorbiert wird. Und nun wendet sich die jüdische Intelligenz, um ihre alte Sünde wett zu machen, ihrem Volke wieder zu, nimmt in Angriff die Umgestaltung des inneren Lebens, die Vereinfachung des äusserst verwickelten religiösen Kultus, die Umbildung des Erziehungswesens, endlich die Bearbeitung des weit ausgedehnten Feldes der jüdischen Wissenschaft, deren Schwerpunkt in der umfangreichen jüdischen Geschichtsschreibung liegt. Der Freund Heines, Zunz, legt in den zwanziger Jahren unseres Jahrhunderts den Grundstein zu dieser jüdischen Wissenschaft, und sein Werk übernimmt nach ihm eine grosse Schar eifriger und talentvoller Arbeiter, die während eines halben Jahrhunderts den stolzen Bau einer wissenschaftlich-historischen Litteratur aufführen, die dem nationalen Selbstbewusstsein einen kräftigen Anhaltspunkt bietet. Während diese reformatorische und litterarische Thätigkeit in vollem Schwunge war, überraschte die deutschen Juden die bürgerliche Emanzipation des Jahres 48. Die Bewegung dieser denkwürdigen Zeit reisst sie nochmals auf den Weg der universalen Thätigkeit fort, bringt sie aber nicht mehr von der jüdischen Nationalsphäre ab. Die kulturelle und bürgerliche Assimilation mit der Nachbarbevölkerung vollzieht sich mit innerer Notwendigkeit, aus der natürlichen Entwickelung des Lebens heraus; die geistige Assimilation hingegen, im Sinne einer geistigen Amalgamierung des Judentums, wird von den edelsten Vertretern desselben entschieden zurückgewiesen. Das Ideal der letzteren ist es, dass die universale und nationaljüdische Thätigkeit nicht einander schädigen, noch viel weniger ausschliessen, sondern in vollster Übereinstimmung mit einander Hand in Hand gehen solle. Und in der That, trotz der vielfachen Neigung, bald in das eine, bald in das andere Extrem zu verfallen, darf man dennoch behaupten, dass die beiden Strömungen, die universale und die nationale, in der deutschen Judenheit vorhanden sind und kaum jemals in einander fliessen werden, da sie einander parallel laufen. Der jüdische Genius ist vielgestaltig und kann ohne Schaden für sich auf allen Laufbahnen thätig sein: in der Politik und im bürgerlichen Leben, auf der Kanzel der Parlamente und auf dem Katheder der Universität, in allen Disciplinen der Wissenschaft und in allen Fächern der Litteratur, in allen Abteilungen des geistigen Laboratoriums der Menschheit. Aber bei alledem hat er seinen häuslichen Herd, sein Nationalheiligtum, es ist das Gebiet des Originalschaffens und des Selbstbewusstseins, der nationalen Interessen und der geistigen Ideale, die in der geschichtlichen Vergangenheit der Juden wurzeln. In einer Reihe mit einem **Lassalle, Lasker** und **Marx** ragt ein **Riesser, Geiger** und **Grätz** hervor. Die unvermeidliche kulturelle Nivellierung hat in Deutschland nicht nur keine geistige Verödung des Judentums zur Folge gehabt, sondern, im Gegenteil, noch ein übriges Mal die Thatsache bestätigt, dass dieses Volk selbst unter den Verhältnissen der Jetztzeit, die dem Hervortreten des Individuellen und Ursprünglichen so sehr ungünstig ist, seine volle Lebenskraft bewahrt hat.

Eine analoge Bewegung ist auch in den anderen Ländern **Westeuropas**, in **Frankreich, Italien** und **England**, sichtbar. Hier hat sich die politische Emanzipation der Juden früher als in Deutschland vollzogen. Auch die Umgestaltung des inneren Lebens ging ruhiger und regelmässiger, ohne grosse Sprünge vor sich; ebenso hat sich die religiöse Reform nur allmählich entwickelt. Aber auch hier bewahrt die geistige Physiognomie der Juden, trotz ihrer Winzigkeit in diesen Ländern, ihre ganze typische Eigenart. Auch hier nimmt der Jude die europäische Kultur mit all ihren Licht- und Nachtseiten in sich auf, auch hier ist er als Staatsmann thätig, arbeitet auf national-ökonomischem und intellektuellem Gebiet und fühlt sich vollkommen als Bürger seines Landes. Aber dessenungeachtet bleibt er auch hier ein treuer Sohn des jüdischen Volkes, als einer geistigen Nation, der ihre besonderen Aufgaben vorgezeichnet sind. Auch hier sehen wir neben einem **Cremieux, Beaconsfield, Luzzatti** einen **Salvador, Frank, Munk, Reggio** und **Montefiore**. Die Vorzüge und Mängel, die der Kulturmenschheit der Jetztzeit anhaften, sind auch den Juden eigen; allein selbst die schlimmsten Seiten dieser äusserlichen Kultur sind ausser stande, den Nationalgeist in der Judenheit auszulöschen. Dieser Geist lebt im Volke und belebt es. Der Genius der jüdischen Geschichte hält noch immer Wache über den Söhnen des „ewigen Volkes", das nach allen Ländern der Welt versprengt ist. Die westeuropäische Judenheit darf getrost von sich sagen: cogito, ergo sum ... Die nach Millionen zählende russische (ehemals polnische) Judenheit könnte nötigenfalls ihre Existenz durch weit greifbarere Merkmale belegen. In ihr liegt vor allem der materielle Schwerpunkt der jüdischen Nation, da sie ein enormes numerisches Übergewicht über die Juden des Westens aufweist und nach wie vor in dichter Masse lebt. Dann aber hat sie auch in höherem Grade, als die Juden anderer Länder, die ihr eigentümliche ursprüngliche Kultur und ihre traditionelle Physiognomie treu bewahrt. Die Entwickelung der russischen Juden nahm einen ganz anderen Verlauf, als die der Juden des Westens. Diese Verschiedenheit war in dem grossen Gegensatze zwischen der russischen und der westeuropäischen Kultur und in der verschiedenen Gestaltung, die die äussere Lage der Juden in diesen Ländern während der neuesten Geschichtsperiode erfahren hat, vollkommen begründet. Die Aufnahme der polnischen Provinzen in den russischen Staatsverband am Ende des vorigen Jahrhunderts traf die zahlreiche jüdische Bevölkerung dieser Provinzen noch in jenem fast mittelalterlichen Zustande an, in dem auch die einheimische polnisch-russische Bevölkerung steckte. Das ehemalige polnische Regime hatte, wie wir gesehen haben, die Juden in bürgerlicher, wie in geistiger Beziehung in gleicher Weise isoliert; die neue Gestaltung der Dinge hat diese Isoliertheit nicht beseitigt. Die in dem „Ansiedelungsrayon" zusammengepferchte jüdische Volksmasse war nur stark durch die Einheitlichkeit im Innern, durch die festgegründete patriarchalische Organisation derselben; es schützte sie vor fremden Einflüssen das unerschütterliche Bollwerk des Rabbinismus und die feste Burg des Chassidismus. Sie wachte eifrig über ihrer Isoliertheit und liess sich dieselbe nicht entwinden, treu dem „Gesetze der Trägheit"; sie wollte nicht über den Festungswall hinaustreten. Und wozu sollten denn in der That die Juden diese Festung verlassen, wenn sie draussen nichts anderes als Verachtung und Schläge zu gewärtigen hatten? . . . Diese unglückliche, von allen Seiten vom verhängnisvollen „Ansiedelungsrayon" umzingelte Masse aus ihrer exclusiven Stellung herauszulocken — dies hätte nur eine durchgreifende bürgerliche Emanzipation derselben im Verein mit einem höheren Kulturniveau der russischen Gesellschaft selbst vermocht; doch war dies in der ersten Hälfte dieses Jahrhunderts unmöglich. Aus den gesetzgeberischen Massregeln jener Zeit spricht, so weit sie die Juden betreffen, weit deutlicher der Geist der polizeilichen Disciplin, als die Stimme der Aufklärung und Humanität. Civilisatorischen und geistigen Einflüssen von aussen her war ebenfalls der Weg abgeschnitten. Allein trotz dieser Wachsamkeit konnte es nicht verhindert werden, dass sich in die finstere, verkorkte jüdische Masse die freiheitlichen Prinzipien des westjüdischen Geistes aus Westeuropa hineinschmuggelten, eine dumpfe Gährung in den Köpfen bewirkend (die litterarische Thätigkeit Isaak Beer Lewinsohns und der Wilnaer Aufklärer in den 20er bis 40er Jahren unseres Jahrhunderts). Sie waren die Vorboten des nahenden Frühlings ....

Und als dieser Frühling endlich hereinbrach (nach 1855), und die Sonne ihre wärmenden Strahlen auf die unglückliche russische Judenheit herabsandte, da wurde in ihr, wenigstens in ihren oberen Schichten, alles lebendig und rege. Wie in Deutschland, so ist auch hier die geistige Emanzipation der politischen vorangegangen. In ihren elementaren Bürgerrechten — die nur teilweise erweitert worden waren — noch immer beengt, liessen sich dennoch die russischen Juden, von einem edlen Drange getrieben, von der universalen Aufklärungsbewegung, die zu jener Zeit auch die edelsten Kreise der russischen Gesellschaft erfasst hatte, mit fortreissen. In einem bedeutenden Teile der russischen Judenheit begann eine kulturelle Regeneration, die eifrige Aufhebung der abgelebten Formen des Lebens und Denkens, die rasche Aneignung humanitärer Grundsätze. Die jüdische Jugend drang scharenweise in die allgemeinen Lehranstalten, in denen sie, mit ihren christlichen Altersgenossen in nahe Verbindung tretend, sich von allgemeinrussischen Bewegungen — nicht selten mit Verleugnung des eigenen Selbst — fortreissen liessen. Ja, es wurde sogar das einseitige Streben wahrgenommen, nicht so sehr Mensch als Russe zu werden... Einen mässigeren Einfluss als die Schule übte die Litteratur aus. Das im Erlöschen begriffene rabbinisch-chassidische Schrifttum überliess den Spielraum der Aufklärungslitteratur in hebräischer Sprache. Diese Litteratur hatte vielleicht einen etwas primitiven Charakter; sie bestand zum grössten Teil aus didaktischer Publizistik und naiver Belletristik, und es ging ihr jenes solide, wissenschaftlichhistorische Element ab, das die Krone der westjüdischen Litteratur bildet. Allein sie übte trotzdem unbestreitbar einen erziehlichen Einfluss aus und hatte, hiervon abgesehen, noch das grosse Verdienst, dass sie eines der wertvollsten Nationalgüter — die reine hebräische Sprache — zu neuem Leben erweckte, die in Russland allein ein lebendiges Werkzeug der litterarischen Mitteilung geworden ist. Ein grösserer Spielraum war der in den 60er Jahren entstandenen jüdischrussischen Litteratur vorbehalten. Sie sollte ein lebendiges und klares Spiegelbild der sozialen und geistigen Interessen der Juden darbieten. Von der Publizistik ausgehend, erweiterte diese Litteratur allmählich ihre Grenzen, zog das Gebiet der jüdischen Geschichte, Wissenschaft und Lebensschilderung in ihren Bereich und gewann immer mehr den Charakter einer normalen europäischen Litteratur.

Doch war dies alles erst im Werden begriffen, und die wichtigste Arbeit war noch bevorstehend. Die unteren Volksschichten waren unberührt geblieben von der neuen Bewegung, aber auch an sie wäre die Reihe gekommen. Und wenn die westeuropäische Minorität des jüdischen Volkes in einer kurzen Spanne Zeit so viele hervorragende Geister auf so vielen Gebieten des Lebens und Denkens aus ihrer Mitte hat erstehen lassen, um wie viel mehr würde die östliche Majorität für die Kultur leisten! Welch mächtigen Aufschwung würden die gewaltigen Geisteskräfte nehmen, die in der russischen Judenheit latent sind, wenn nicht allerlei Schranken ihnen den Weg verlegten, und wenn sie auf allen Gebieten des politischen, sozialen und intellektuellen Lebens Anwendung fänden!..

Dies war jedoch nicht der Fall, vielmehr geschah etwas schnurstracks Entgegengesetztes. Nicht genug, dass man die früheren Schranken, die einer gedeihlichen, freiheitlichen Entwickelung der Judenheit im Wege standen, nicht beseitigte, legte man derselben eine Unmasse von neuen Hemmnissen in den Weg. Irgend ein Nachtgespenst des Mittelalters, irgend eine Macht der Finsternis griff in die Speichen des Geschichtsrades. Sie tauchte zuerst unter dem Namen „Antisemitismus" im Westen auf, unter Elementen, die die Hefe der europäischen Gesellschaft bilden; allein dort erfuhr sie und erfährt noch immer die schärfste Zurückweisung seitens der intelligentesten Kreise der Gesellschaft, denen selbst das jetzige Zeitalter der „Décadence" den Glauben an höhere, sittliche Ideale nicht zu rauben vermochte. Jedenfalls befindet sich dort der Antisemitismus in anima vili und ist in den Grenzen einer gewissen Partei eingeschlossen, die sich einer ziemlich skandalösen Reputation erfreut. In anderen Ländern hingegen hat diese Macht der Finsternis, unter der gröbern Form der „Judophobie",[1]) gerade den einflussreichsten Teil der Gesellschaft und der Presse in ihren verhängnisvollen Bann gezogen und beklagenswerte praktische Resultate gezeigt. Den erhabensten Idealen und den sittlichen Traditionen der gläubigen und denkenden Menschheit Hohn sprechend, bekennt sich die Judophobie öffentlich zum Dogma des Menschenhasses und richtet durch ihre Propaganda die unreife, in ihren sittlichen oder wahrhaft religiösen Prinzipien noch nicht gefestete Gesellschaft moralisch zu Grunde. Auf die Juden hingegen hat sie dieselbe Wirkung, wie die mittelalterlichen Unglücksschläge, die diesem greisen Märtyrervolk in so reichlichem Masse zu teil geworden sind, und gegen die es in so hohem Grade abgehärtet ist. Die neuen, schweren Prüfungen haben dieselbe Wirkung, wie die alten Verfolgungen: sie schwächen nicht, sie kräftigen vielmehr den jüdischen Geist, spornen den Gedanken an und lassen höher schlagen den Lebenspuls des Volkes.

      Die Wucht des Hammers splittert Glas,
      Doch sie schmiedet Eisen[2]) . . .

Der historische Prozess, den die Judenheit schon mehr

---

[1]) Name des Antisemitismus in Russland.
[2]) Puschkin.

als einmal durchgemacht hat, tritt wiederum in Erscheinung. Und auch jetzt, in dieser drückenden Zeit der Zerrüttung und Zerstreuung, der alltäglichen Qualen und der Schrecken des internationalen Kampfes, — auch jetzt „schlummert nicht und schläft nicht der Hüter Israels." Der jüdische Geist ist wach: er reinigt und stählt sich ununterbrochen im Schmelzofen der Leiden. Das Volk, das mit vollem Recht den Namen eines Veteranen der Geschichte trägt, zieht sich zurück und versenkt sich in tiefes Sinnen. Es ist nicht die Weltflucht eines beschränkten Fanatikers, sondern die tiefe Concentriertheit eines Trauernden. Die Judenheit vertieft sich in ihre grosse, beispiellos dastehende Vergangenheit. Mehr denn je bedarf sie jetzt der Lehren dieser Vergangenheit, des moralischen Beistandes und der weisen Ratschläge dieser an viertausendjähriger Erfahrung so reichen Geschichte.

XII.
Was lehrt uns die jüdische Geschichte?

Kehren wir nunmehr zum Ausgangspunkt unserer Ausführungen zurück, und versuchen wir nun, die Gedanken und Lehren festzustellen, die sich aus dem Verlaufe der jüdischen Geschichte ergeben. Die jüdische Geschichte flösst uns vor allem die Überzeugung ein, dass die Judenheit zu allen Zeiten (selbst in der Periode der politischen Selbständigkeit) vornehmlich eine **geistige Nation** war und auch noch in unseren Tagen ist. Ferner giebt sie uns den Glauben, dass die Judenheit als ein geistiges Individuum nicht untergehen könne: der Körper, die Form kann zu Grunde gehen, der Geist aber ist unsterblich. Die jüdische Nation, obwohl länderlos und zerstreut, lebt dennoch und wird auch weiter leben, weil sie ein lebenschaffendes Prinzip durchdringt, das die Wurzel ihres Seins ist und tief im Boden der Geschichte ruht. Dieses Prinzip besteht zunächst in einer Summe von bestimmten religiösen, sittlichen oder philosophischen Idealen, deren Träger zu allen Zeiten das jüdische Volk entweder in seiner Gesamtheit oder in der Person seiner höchsten Vertreter war; dann in einer Summe von geschichtlichen Erinnerungen an das, was wir im Verlaufe vieler Jahrhunderte durchlebt, durchdacht und durchempfunden haben; endlich in dem Bewusstsein, dass das wahre Judentum, das schon so viel für die Menschheit geleistet, seine Rolle noch nicht ausgespielt hat und daher nicht untergehen darf. Kurz gesagt: das jüdische Volk lebt deswegen, weil in ihm eine **lebendige Seele** ruht, die um keinen Preis in der Welt sich von ihrer Hülle trennen will und hierzu von noch so schweren Prüfungen und Schicksalsschlägen, die für andere minder starke Organismen von unfehlbar tötlicher Wirkung wären, nicht gezwungen werden kann.

In diesem Selbstbewusstsein liegt der trostspendende Quell für die duldende jüdische Seele. Die Geschichte spricht zu uns beständig durch den Mund des grossen Apostels, der vor 18 Jahrhunderten aus Israels Mitte hervorgegangen war: „Gedenket an die vorigen Tage, in welchen ihr, erleuchtet, erduldet habt einen grossen Kampf des Leidens, zum Teil selbst durch Schmach und Trübsal ein Schauspiel (für andere) geworden, zum Teil Gemeinschaft gehabt mit denen, welchen es also erging ... Werfet nun euer Vertrauen nicht weg, welches eine grosse Belohnung hat!" (Epistel St. Pauli an die Ebräer, Kap. X, 32—35).

Ferner erweckt in uns unsere Geschichte das Streben nach ununterbrochener Selbstvervollkommnung. Indem sie unsern Blick hinlenkt auf unsere glorreiche Vergangenheit, auf die herrlichen Geistesthaten unserer Vorfahren, auf ihre meisterhafte Fertigkeit im „Denken und Dulden", — lullt sie uns keineswegs ein, erweckt nicht in uns eine stumpfsinnige Selbstgefälligkeit oder einen hohlen Selbstdünkel, sondern stellt vielmehr an uns die strengsten Forderungen. Sie spricht: „Noblesse oblige! Das Recht, einem Volke anzugehören, dem der Ehrentitel eines „Veteranen der Geschichte" zuerkannt ist, legt euch sehr ernste Verpflichtungen auf. Ihr müsst es zeigen, dass ihr eurer heroischen Vergangenheit würdig seid. Die Nachkommen von Religionslehrern und Glaubensmärtyrern dürfen nicht nichtig oder gar schlecht sein. Wenn die langen Jahrhunderte der Wanderschaft und des Elends euch gewisse Fehler eingeimpft haben, so rottet sie aus im Namen jener erhabenen, sittlichen Ideale, als deren Träger ihr auftratet. Wenn im Laufe der Zeiten eurem Geiste Elemente sich angesetzt haben, die dem wahren Wesen desselben widersprechen, so werfet sie weg, reiniget euch! Bestrebet euch, an allen Orten und zu allen Zeiten, in Freud und Leid, den höheren geistigen Interessen zu leben; doch nie dürft ihr euch vollkommen wähnen! Werdet ihr diesen heiligen Grundsätzen untreu, so zerreisset ihr die Bande, die euch mit den vitalsten Elementen eurer Vergangenheit, mit dem Urgrund eures nationalen Daseins verknüpfen!"

Die jüdische Geschichte zeigt uns endlich, dass in allen lichtvollen Momenten in der Geschichte der Menschheit, da Vernunft, Gerechtigkeit und Menschenliebe die Herrschaft führten, die Juden treu zu den anderen Völkern hielten und Hand in Hand mit ihnen den Weg der Vervollkommnung gingen. In den Zeiten der Finsternis aber, da rohe Gewalt, Vorurteile und Leidenschaften, denen die Juden zuerst als Opfer fielen, die Oberhand hatten, zogen sie sich in sich selbst zurück, schlossen sich in ihre Schale ein, um sich für bessere Tage aufzubewahren. Die Einigung mit der Menschheit auf dem Boden des Geistes und der Erkenntnis, das erhabene Zukunftsbild, das bereits unsere Propheten entrollt (Jesaia Kap. 2, Micha Kap. 4), ist das Endideal der edelsten Elemente in der Judenheit. — Wird dieses lichtvolle Ideal jemals in Erfüllung gehen?

Wenn es in Erfüllung geht — und wir müssen glauben, dass es sich erfüllt — dann wird ein nicht geringes Verdienst in der Erreichung dieses Ideals der jüdischen Geschichte gebühren. Wir haben bereits die hohe sittliche und humanitäre Bedeutung dieser Geschichte, ihre versöhnende Rolle hervorgehoben. Zur Hälfte steht diese Wahrheit bereits als ein unumstössliches Faktum da. Der erste, der biblische Teil dieser Geschichte ist ein Quell, aus dem schon seit vielen Jahrhunderten Millionen von Menschen der verschiedensten Bekenntnisse Belehrung, Trost und Begeisterung schöpfen; er wird mit Andacht in ihren Häusern und Tempeln von Christen auf beiden Erdhälften gelesen; seine Helden sind längst Typen geworden, Verkörperungen grosser Ideeen; seine Ereignisse dienen als lebendige sittliche Formeln. Aber es kommt eine Zeit, — und sie ist vielleicht nicht allzu fern — in der dasselbe Los auch der zweiten Hälfte der jüdischen Geschichte zu teil wird, die über die zweitausendjährige Existenz des jüdischen Volkes nach der biblischen Periode berichtet. Diesen Teil unserer Geschichte kennt man noch nicht, und viele wollen aus Vorurteil ihn gar nicht kennen, aber er wird dennoch dereinst bekannt und gewürdigt werden..

Er wird für die denkende Menschheit eine Quelle herzerhebender moralphilosophischer Offenbarungen werden. Das tausendjährige Martyrium des jüdischen Volkes, seine ununterbrochene Wanderschaft, sein tragisches Schicksal, seine Religionslehrer, Märtyrer, Philosophen, Streiter, — diese ganze historische Epopöe wird dereinst dem Gedächtnis der Menschheit tief sich einprägen. Diese Geschichte wird zum Herzen sprechen und zum Gewissen, und nicht blos zum wissbegierigen Verstande. Sie wird Achtung erringen vor dem Silberhaar dieses Volkes der Denker und Dulder. Sie wird Trost spenden den Leidenden, aufrichten die Märtyrer für ihre Ideeen durch die Beispiele der geistigen Standhaftigkeit und Selbstverleugnung, die sie bietet. Wir sind des festen Glaubens, dass eine Zeit kommt, in der für den edelsten Teil der **denkenden** Menschheit die zweite Hälfte der jüdischen Geschichte dasselbe werden wird, was für die **gläubige** Menschheit die erste Hälfte dieser Geschichte schon längst geworden ist, d. h. eine Quelle erhabener sittlicher Wahrheiten. In diesem Sinne ist die jüdische Geschichte in ihrer Gesamtheit das Unterpfand der geistigen Einigung zwischen den Juden und den übrigen Völkern.